JN140873

裁判例で学ぶ

学校のリスクマネジメントハンドブック

日本女子大学教授
坂田 仰
SAKATA Takashi

時事通信社

はじめに――学校教育の法化現象と危機管理

学校にはリスクがあふれている。子どもがけがをすれば「学校が悪い」。いじめやけんかがあれば、「学校は何をしていた」「指導はどうなっているんだ」。一度、事故が起きれば、学校がどんなに頑張っていても、どんなに努力していても、結果責任を問うかのように執《しっ》拗《よう》な責任追及が始まる。その苛烈《かれつ》さに、ただただ耐える教員がいる。

これまでの学校現場は、管理職、教員の経験を踏まえて危機管理を行ってきた。経験から得られたノウハウは確かに貴重なものではある。だが、価値観の多様化は、学校への無条件の信頼、教員の権威を切り崩し、「信頼関係」を基礎とした学校運営、教育実践を危ういものにした。

そして、「法の越境」がこの動きに拍車を掛けている。いじめ防止対策推進法、障害者差別解消法、個人情報保護法など、これまでとは比べものにならないほど多くの法令が校門を超えて学校現場に浸透し、教員の専門的裁量を侵食していく。「学校教育の法化現象」の台頭、愛や情熱、信頼といった情緒的なものではなく、法を媒介として、権利・義務の視点から学校、教員との関係を捉えようとする人々が年を追うごとに増加している。学校現場は否応なくこの現実と向き合わなければならない。

本書『裁判例で学ぶ　学校のリスクマネジメントハンドブック』は、学校にあふれる多様なリスクに対処するために企画された。学校教育の法化現象が勢いを増す今日、多くのトラブル、紛争は、最終的に訴訟へと発展していく。それ故、裁判例には危機管理のヒントが数多く隠されている。そのヒントを学校経営、教育実践に生かすことこそが最良のリスクマネジメントになる。教育紛争の最終形態である裁判例を題材にし、学校の危機管理を考える。これが本書のコンセプトである。

ただ、条文を読むだけでは、多様化する教育紛争に対応することはできない。重要なのは想像力であり、実際に訴訟にまで発展した事案を知り、自らの経験と重ね合わせて見る作業である。

学校運営、いじめ、授業・行事、部活動、そして地域・保護者の五つの視点から、リスクがどのように顕在化し、学校現場の対応がどのように問題となったかを分析するとともに、求められる最低限の「備え」を導き出している。一人でも多くの皆さまが、想像力を駆使し、自らの学校経営、教育実践に潜むリスクを摘み取っていただきたいと思う。

なお、本書は、時事通信社『内外教育』紙上に連載した論考をアップデートし、再構成したものである。「理論と実践の往還」という点を考慮し、重複を恐れず収録に努めた。また、原稿の執筆に当たっては、淑徳大学の黒川雅子教授と帝京科学大学の山田知代専任講師から多くのアドバイスを得た。心より感謝したい。

平成30年　鷗外忌

坂田　仰

裁判例で学ぶ　学校のリスクマネジメントハンドブック◆目次

第1章　学校運営のリスクマネジメント

第2章 授業・行事のリスクマネジメント

第3章 部活動のリスクマネジメント―事故・体罰―

第4章　いじめ問題のリスクマネジメント

第5章　地域・保護者をめぐるリスクマネジメント

第1章 学校運営のリスクマネジメント

危機管理マニュアルの再確認を

●学校保健安全法は学校に「学校安全計画」や「危機管理マニュアル」などの策定を求めている。
●「危機管理マニュアル」は、定期的な検証を繰り返すことで教職員の意識が高まり、共通理解が進む。
●定期的な検証を行わないと、教職員はマニュアルの存在さえ知らずに事故を起こしてしまうことがある。

通勤・通学時間、集団登校の列から新入生の元気な声が聞こえてくる。それが一瞬で悲鳴に変わる。京都府下の公立小学校で、登校中の列に暴走車が突っ込み、児童と保護者、3人が死亡したのは、2012年4月のことであった。運転していた少年は、無免許で、しかも居眠り運転であったといわれている。

15年3月末、文部科学省は、「学校安全に関する更なる取組の推進について（依頼）」と題する文書を発出した（平成27年3月31日26ス学健第87号）。児童生徒への安全教育や学校の安全管理等の充実を促すこの文書は、学校安全計画の策定や通学路安全マップの作成などとともに、「学校安全計画及び危険等発生時対処要領（危機管理マニュアル）の定期的又は必要に応じた検証」に言及している。

周知のように、学校安全計画や危機管理マニュアルは、学校保健安全法によって、国公私立の区別を問わず、すべての学校にその策定が義務付けられている（27条、29条１項）。文部科学省「学校健康教育行政の推進に関する取組状況調査」によれば、危機管理マニュアルについては、14年3月末の時点で、全国の小中高校、中等教育学校、特別支援学校および幼稚園の95・５％が策定済みとなっている。

検証を通じた共通理解の確立を

だが、より懸念されるのはその検証率の動向である。定期的、または必要に応じて、危機管理マニュアルの検証を行ったとする学校は、87・９％にすぎない。しかも、東日本大震災後に行われた調査、12年3月末時点と比較して、７・６％も低下しているのである。

改めて指摘するまでもなく、学校を取り巻く環境、子どもの状況は、刻一刻と変化している。万が一への備えは、変化に合わせて不断の見直しが必要となる。その中核と言うべき危機管理マニュアルの検証率が一時的なものである可能性があるとはいえ、顕著に低下した事実は、大いに問題とされなければならないだろう。

加えて、危機管理マニュアルの検証には、もう一つの意味が存在している。定期的な検証を繰り返すことによって、職員の間に共通理解が生まれるという副次的効果である。

危機管理マニュアルを策定済みであるということは、必ずしも職員がそれを理解していることを意味するものではない。仮にマニュアルが配布されていたとしても、忙しい日常の中でいつしか書類の山に埋もれていく。マニュアルの定期的な検証は、職員の意識を活性化させ、危機管理の在り方、自らの役割を再確認する契機となる。

「東日本大震災私立幼稚園スクールバス事故訴訟」は、この危機管理マニュアルの定期的な検証によって防ぐことができたかもしれない（仙台地方裁判所判決平成25年9月17日）。

この幼稚園の危機管理マニュアルでは、大地震発生時には幼稚園において園児を保護者に引き渡す旨が定められていた。にもかかわらず、園長は、マニュアルに反し、スクールバスを出発させるよう命じたのである。

では、他の職員は、なぜ園長の判断に異議を唱えなかったのか。それは、スクールバスの運転手をはじめとして職員のほとんどが、マニュアルの存在を知らず、幼稚園において園児を保護者に引き渡すという取り扱いが定められていたことを理解していなかったからだといわれている。

仮に、この幼稚園で危機管理マニュアルの定期的な検証が行われていたとするならば、園長の判断が黙って見過ごされたとは思えない。共通理解の下、必ず職員の誰かが気付き、声を上げたはずである。東日本大震災の教訓を無駄にしてはならない。

【関連法令】
学校保健安全法27条、同法29条1項
文部科学省「学校安全に関する更なる取組の推進について（依頼）」（平成27年3月31日26ス学健第87号）

【参考裁判例】
「東日本大震災私立幼稚園スクールバス事故訴訟」（仙台地方裁判所判決平成25年9月17日）

【関連資料】
文部科学省「学校健康教育行政の推進に関する取組状況調査」（平成27年3月）

事故発生時の教職員の対応責任

●事故発生時における教職員の救急対応が問われている。
●救急対応は事後的に被害を最小限に食い止める「クライシスマネジメント」の中核の一つである。
●教職員のＡＥＤ使用のルールを整備すべきである。

東日本大震災以降、事故発生時の対応方法に社会的注目が集まっている。負傷した子どもをどうやって守るのか、教職員による救急対応の在り方が問われていると言える。周知のように、いわゆる危機管理（広義の危機管理）には「リスクマネジメント」と「クライシスマネジメント」の両面が存在する。事故発生につながる因子を可能な限り除去することを目指すのが「リスクマネジメント」、それを前提に、現実に事故が発生した場合、どのようにして被害を最小限にとどめるのかを考えるのが「クライシスマネジメント」である。救急対応は一般的に後者に当たる。

クライシスマネジメントと聞いて真っ先に思い浮かべるのは、救急救命法であろう。止血や人工呼吸、心臓マッサージなど、場面ごとに求められる対応は定型化されている。直面した際に的確な選択ができるか否か。初歩的な知識が教職員にとって必須とされる時代となった。だが、現実には多くの課題がある。救急救命の進歩に教職員の知識や認識が追い付かないといった問題である。

例えば、「新潟ＡＥＤ訴訟」では、教職員によるＡＥＤ（自動体外式除細動器）の使用義務が争われている（新潟地方裁判所長岡支部判決平成28年4月20日）。２０１０年秋、新潟県下の公立小学校において、小学5年生の児童がグラウンド付近で倒れて、意識を失うという事故が発生した。児童は、病院に救急搬送されたが、不整脈による心不全で死亡することになった。

ＡＥＤ使用ルールの明確化

遺族は、小学校の教職員がＡＥＤをより早く児童の元に運び、適切に使用していたならば、児童は助かっていた可能性があるなどとし、学校の設置者を相手として損害賠償の支払いを求める訴訟を提起した。他方、学校側は、事故発生当時の一次救命措置に対する考え方や救急講習の実施状況等を勘案すれば、ＡＥＤを使用しなければならない法的義務までは存在しなかったと反論している。

これに対し判決は、まず事故発生時の教職員の対応責任について、学校保健安全法29条1項に基づき学校が作成した「危険等発生時対処要領」、いわゆる「危機管理マニュアル」が、「学校において児童に関わる事故が発生した場合の職員がとるべき行動規範を定めたもの」であるとし、これに従うことが原則であるとの立場を示した。大きなけがや急病といった事態が発生した場合、「その場にいた職員（引率者）で現場へ急行」し、「状況を把握し、救急処置をして、必要に応じて救急車などの要請」をするといった救護活動をなす教職員のガイドライン的性格を有するものと言えるであろう。

だが判決は、事故当時、ＡＥＤを使用しなければならない法的義務までは存在しなかったとして、最終的に遺族側の訴えを退けた。ＡＥＤについては、事故発生当時、非医療従事者が講習を受けたからといって当然に使用することが義務となるものとは言えず、その一方で、当時のリーフレットや「【改訂3版】救急蘇生法の指針（市民用）」において絶え間なく続けることが推奨され、なお重要性が強調されていた心肺蘇生を、教職員が選択し、それを続けた結果、呼吸が始まったと認識し、救急車が来るまでの間にＡＥＤの使用の機会を逸したからといって、非医療従事者である教職員に課せられた救護義務に違反したと評価することはできないとする考え方である。

では、事故発生時ではなく、現在においてはどうだろうか。ＡＥＤの設置、使用法の講習は、当時とは比較にならないほど学校現場に浸透している。また、一次救命におけるＡＥＤの位置付けも相当程度高まりを見せていると言ってよい。これらの点に着目するならば、少なくとも教職員に関してはＡＥＤの使用義務を肯定することもあながち不可能ではない。だとするならば、万が一に備えて、一刻も早くＡＥＤの使用ルールを明確に示し、教職員の一瞬のためらいを取り除く必要があるのではないか。

【関連法令】
学校保健安全法29条1項

【参考裁判例】
「新潟ＡＥＤ訴訟」（新潟地方裁判所長岡支部判決平成28年4月20日）

学校の施設・設備の安全管理

●学校にある多くの施設・設備の安全管理は最終的に学校設置者の責任である。
●危険箇所の一時的な使用禁止をどのように周知・徹底するか。
●夜間に部外者が無断侵入し、設備を使用する可能性を考えておく必要があるとした先例が存在している。

黒板や机、椅子から、鉄棒やジャングルジムに至るまで、学校には数多くの施設、設備、備品が存在している。その安全管理は、学校の責任である。この点、学校保健安全法は、「校長は、当該学校の施設又は設備について、児童生徒等の安全の確保を図る上で支障となる事項があると認めた場合には、遅滞なく、その改善を図るために必要な措置を講じ、又は当該措置を講ずることができないときは、当該学校の設置者に対し、その旨を申し出るものとする」と規定している（28条）。

では、施設や設備、備品の安全性に問題を感じた場合、校長はどのような措置を講じるであろうか。修理や交換が容易な場合には、直ちにそれを行うだろう。しかし、大規模な修理が必要な場合や多額の予算を必要とするような場合はそうはいかない。まず、使用禁止にし、その後、抜本的な改善を図る準備を進めることになる。

ここで問題となるのは、一時的な使用禁止措置を、どのように周知し、徹底するかという点である。周知・徹底がおろそかになった場合、思わぬ事故が発生しかねない。例えば、「鹿児島県公立高等学校鉄棒転落事故訴訟」は、事故に関わって使用禁止の周知の方法や範囲が争点となった事案である（鹿児島地方裁判所判決平成15年3月11日）。

外部からの侵入者への配慮は万全か

鹿児島県下の公立高等学校において、夜間、卒業生が、野球場に付属する雨天練習場の鉄棒から転落して重傷を負うという事故が発生した。卒業生は、元野球部員で、懐かしさから校内に立ち入り、トレーニングのために使用していた鉄棒で逆上がりを行ったが、支柱が折れ、転落したという。この事故に対し、卒業生は、鉄棒が通常有すべき安全性を欠いていたとし、学校の設置者を相手として、国家賠償法に基づき損害賠償の支払いを求める訴訟を提起した。

鉄棒について、学校側は、安全点検において支柱が地面に接する付近で腐食が進み、ぐらつきがあることを把握し、安全上の問題から硬式野球部員の使用を禁止することとし、その旨を伝えた。その後、注意喚起の意味を込めて、鉄棒の支柱と近辺の電柱とを白いひもや黄色い縄跳びの縄で結んでいた。

しかし、事故発生当時には、ひもなどはなくなり、特に使用禁止の旨を示す表示は何もなかったとされる。問題は、部外者が無断で侵入し、鉄棒を使用することまで想定し、対策を講じる必要があるか否かである。

判決は、この鉄棒を「公の営造物」に該当するとし、国家賠償法2条1項に基づき、学校設置者の責任を認めた。「鉄棒がある雨天練習場敷地には、出入り口に門扉等もなく一般人が通行する道路から入ることができ、部外者の立ち入りを禁止する旨の表示などもなかったこと」「鉄棒は一般人が通行する道路からも見える位置にあったこと」「敷地には現実に見学者も含む第三者が入ることもあり、それに対して」学校側が「注意をしたり特段の立入禁止措置をとったりしたことはなかったこと」等を考慮した結果である。

国家賠償法は、「公の営造物の設置又は管理に瑕疵があつたために他人に損害を生じたときは、国又は公共団体は、これを賠償する責に任ずる」と規定している（2条1項）。判決が指摘するように、公立高等学校が有する雨天練習場や鉄棒が、公の営造物に該当することに異論はないだろう。

しかし、卒業生が夜間に無断侵入したことについてはどうであろうか。判決は、この点を過失相殺によって処理し、7割を卒業生の過失、3割を学校設置者の責任としている。損害の公平な分担の見地から見て、当然の処理と考えられる。卒業生は、元野球部員であり、鉄棒が関係者以外使用してはならない旨を知っていた可能性が高い。この点を重視するならば、卒業生の過失をより大きく捉えることも不可能ではなかったと思われる。

【関連法令】
学校保健安全法28条
国家賠償法2条1項

【参考裁判例】
「鹿児島県公立高等学校鉄棒転落事故訴訟」（鹿児島地方裁判所判決平成15年3月11日）

屋内の熱中症事故

●子どもの生活環境の変化等を受けて、熱中症対策は年々早まってきている。
●熱中症は、それほど高くない気温（25～30℃）や屋内においても起きている。
●判決は、体育館、教室への温度計等の設置と暑さ指数（ＷＢＧＴ）を用いた対策は、学校が取るべき最低限の義務としている。

熱中症は子どもの生活環境の変化等を受けて、年々、その発生が早まる傾向にある。文部科学省は、「熱中症事故の防止について（依頼）」を発出し、学校現場に熱中症への注意を促している（平成30年5月15日30初健食第4号）。

温度計の設置が必須？

通知によれば、「学校の管理下における熱中症事故は、ほとんどが体育・スポーツ活動によるもの」とされている。しかし、「運動部活動以外の部活動や、屋内での授業中においても発生しており、また、暑くなり始めや急に暑くなる日等の体がまだ暑さに慣れていない時期、それほど高くない気温（25～30℃）でも湿度等その他の条件により発生している」という。

確かに、屋内における熱中症も珍しくない。例えば、バドミントン競技はシャトルが風の影響を受けるため、夏場でも窓を閉め切ったり、空調設備を止めたりすることがある。そのため、注意をしているつもりでも、児童生徒が熱中症に罹患《りかん》していたということになりかねない。

「中学校部活動体育館熱中症損害賠償訴訟」は、まさにその典型と言える（大阪地方裁判所判決平成28年5月24日）。大阪府内の公立中学校の体育館において、バドミントン部の練習中、1年生の部員が熱中症に陥った事案である。脳梗塞を発症し、重篤な後遺症が残ることになり、生徒は、校長、指導に当たっていた教員に安全配慮義務違反等があったとして、学校設置者を相手に損害賠償の支払いを求める訴訟を提起した。

これに対し、判決は、まず部活動について、「学校教育の一環として行われる以上、学校設置者である地方公共団体は、部活動に際し、生徒の生命、身体の安全を確保するよう配慮すべき義務を負う」とする。その上で、校長、指導教員は、学校設置者の履行補助者として、熱中症が「重篤な場合には死に至る疾患であることからすれば」「安全配慮義務の一環として、熱中症予防に努める義務を負う」としている。

熱中症は、体内の熱量に比して水分が不足することによって生じる疾患である。それ故に、学校側は、「運動等を行う温度及び湿度、行う運動の内容や種類、それが身体に及ぼす影響の程度、補給する水分量などを踏まえて、その発生を未然に防止することが必要となる」。この事案では、指導に当たっていた教員は、給水休憩を定期的に設定し、窓などを開けて換気にも注意を払っていた。

にもかかわらず、熱中症事故が発生した。学校側にこれ以上何ができたのであろうか。この点について判決は、財団法人日本体育協会（現「公益財団法人 日本スポーツ協会」）の指針が示す、暑さ指数（ＷＢＧＴ）を用いた熱中症対策を行うべき義務が存在したと考えている。しかし、事故発生当時、体育館には、「黒球温度計及び湿球温度計はもとより、一般の乾式温度計も一切設置されていなかった」。従って、指導教員は、熱中症の予防に配慮する前提となるＷＢＧＴ等の温度を認識することは不可能であり、その過失を問うことはできない。

だが、機器の整備を行わなかった校長には過失が存在する。校長から「熱中症対策として、練習内容、健康観察、水分補給、休憩、早い対応などについての指導があったと認められるものの」「乾式温度計すら設置されていなかったことを踏まえると、ＷＢＧＴ等の温度を基本として対応を検討すべきものとする本件指針の趣旨と内容が周知・徹底され、これに従って行動するよう指導されたとは考え難」いとする判断である。

判決の論理に従うならば、体育館、教室への温度計等の設置とＷＢＧＴを用いた対策は、学校が取るべき最低限の義務と言える。だが、温度計等の測定機器の整備が行われている学校は、全国でどれだけ存在するのであろうか。

【関連法令】
文部科学省「熱中症事故の防止について（依頼）」（平成30年5月15日29初健食第４号）
【参考裁判例】
「中学校部活動体育館熱中症損害賠償訴訟」（大阪地方裁判所判決平成28年5月24日）
【関連資料】
公益財団法人　日本スポーツ協会「熱中症予防のための運動指針」http://www.japan-sports.or.jp/medicine/heatstroke/tabid922.html（２０１８年7月４日最終確認）

校舎転落事故と管理責任

●学校は未成熟な子どもが多数生活しており、大人が「非常識」と思う行動が起きる。
●中学生が手すりや安全策がない3階の窓から2階のひさしに降りる行為については、学校の管理責任は問われなかった。
●小学生の場合は「指導・注意」だけでは不十分で、手すり等の設置義務が認められる可能性がある。

学校は、未成熟な子どもが多数集う空間である。大人であれば誰もが「非常識」と考える行動も、日常茶飯事と言っても過言ではない。教員は、考えられない子どもの行動を目の当たりにし、驚くと同時に対策に追われることになる。

その一つに、校舎の窓から体を乗り出し、あるいはひさしに乗り移るといった行動が存在する。転落の危険が常に付きまとい、見つけた教員の背筋が凍る瞬間である。

周知のように、学校保健安全法は、「学校の施設又は設備について、児童生徒等の安全の確保を図る上で支障となる事項があると認めた場合」「遅滞なく、その改善を図るために必要な措置を講じ、又は当該措置を講ずることができないときは、当該学校の設置者に対し、その旨を申し出る」ことを、校長に義務付けている（28条）。言うまでもなく、転落事故は、死亡や重篤な障害に至る可能性の高い事故である。従って、児童生徒の行動を的確に把握・分析した上で、危険箇所には手すりを設けるなどの措置が必要となる。

転落事故の防止について、建築基準法施行令は、「屋上広場又は二階以上の階にあるバルコニーその他これに類するものの周囲には、安全上必要な高さが1・1メートル以上の手すり壁、さく又は金網を設けなければならない」旨を規定している（126条1項）。学校においては、子どもの発達段階を考慮し、手すり等は、「建築基準法施行令において定められている、『バルコニー等に設けるさく』と同等もしくは、児童生徒等の多様な行動を踏まえ、それ以上の安全性を確保可能な高さに設けることが重要」となるだろう（文部科学省大臣官房文教施設企画部「学校施設における事故防止の留意点について」平成21年3月）。

発達段階に応じた配慮義務

では、手すりや安全策が設置されていなかった場合、常に学校側の責任が問われると考えるべきなのであろうか。

この点については、「中学生校舎転落事故損害賠償訴訟」が参考になる（高松高等裁判所判決平成9年5月23日）。高知県下の公立中学校において、3年生の生徒がいたずらをし、怒った相手から追い掛けられた際、3階の窓から2階のひさしに飛び降り、そこから非常階段に渡ろうとして、転落、負傷した事案である。生徒は、追い掛けた生徒とその両親、そして学校設置者を相手に損害賠償の支払いを求める訴訟を提起した。これに対し、判決は追い掛けた生徒側の過失を認めた一方、設置者の責任についてはこれを否定している。

確かに、この窓には、手すりやフェンス等の安全策が施されていなかった。しかし、判決は、「中学生にもなれば、校舎3階の窓から2階のひさしに下りるという行動がいかにも危険なものであり、学校生活の中において許されない行動であるかということは、教師から注意・指導されるまでもなく、十分認識できる」とする。そして、中学校側には、「指導・注意をする以上に防護パイプを設置し、防護ネットを張る等の措置を採るべき義務はなく」、また「指導・注意をしたにもかかわらず、生徒が前記のような行動パターンをとることを予見すべき義務」も存在しないとした。
この学校では、3階の窓から2階のひさしに飛び降り、そこから非常階段に渡る生徒の存在が報告された際、「全校集会で、同中学生徒全員に対し、そのような危険な行為をしないようにとの趣旨の指導・注意」を行っていた。転落した生徒は、それを無視してあえて行動に出ている。判決は、中学生という発達段階を考慮し、この「指導・注意」を重視したものと考えられる。それ故に、当事者がより未成熟な小学生であった場合には、「指導・注意」だけでは不十分であるとし、手すり等の設置義務を認める判断が下される可能性が存在する点に留意する必要があろう。

【関連法令】
学校保健安全法28条
建築基準法施行令126条1項
文部科学省大臣官房文教施設企画部「学校施設における事故防止の留意点について」（平成21年3月）

【参考裁判例】
「中学生校舎転落事故損害賠償訴訟」（高松高等裁判所判決平成9年5月23日）

天井からの転落事故と管理責任

●天窓、プール、実験器具など学校の施設・設備には危険性を有するものがある。
●施設・設備の管理に問題がある場合、学校はその除去に努めなくてはならない。
●不十分な対応で放置したり、児童生徒の行動を黙認した場合は、法的責任を問われることがある。

天窓、プール、実験器具など、学校が保有する施設・設備には、危険性を有するものが多数存在している。教職員は、安全管理の徹底を図り、児童生徒の生命・身体に危害が及ばないよう努力している。だが、「ヒヤリ、ハット」は日常茶飯事。それどころか、時には思いがけない状況に陥り、大事故が発生することも少なくない。

「放置」「黙認」の意味を問う

公立学校において、施設・設備に起因して事故が発生した場合、通常、国家賠償法に基づいて、損害賠償の可否が検討されることになる。その根拠となるのが、「公の営造物の設置又は管理に瑕疵があつたために他人に損害を生じたときは、国又は公共団体は、これを賠償する責に任ずる」と規定する国家賠償法2条1項である。

ここでいう「公の営造物」とは、一般に、国や地方公共団体が、公の利用に供するために、設置・管理する施設などを指す。道路や河川に加えて、市民プールや体育館、そして公立学校も、当然、公の営造物の概念に含まれる。他方、「設置又は管理に瑕疵」があるとは、本来、有すべき安全性を欠いている状態を言う。そして、それは、対象となっている営造物の構造や用法、場所、利用状況といった諸般の事情を総合的に考慮し、具体的、個別的に判断されることになる。

では、禁止事項違反、例えば、立ち入り禁止の屋上に出入りするなどし、負傷した場合はどうであろうか。この点が問題となった例として、「公立高等学校バレーボール部体育館天井転落事故訴訟」を挙げることができる（大阪地方裁判所判決平成25年7月29日）。男子バレーボール部員が、禁止事項に違反し、天井部分に乗ったボールを取るため、体育館に設置されていたはしごを使って上ったところ、ベニヤ板でできた飾り板部分を踏み抜いて転落し、重傷を負った事案である。

損害賠償を求める訴えに対し、学校設置者は、天井の通路は、もっぱら蛍光灯の交換作業を行う業者のために設置されたものであって、生徒が上ることを想定したものではない。まして飾り板部分は、そもそも通路ではなく、人の体重を支えられる構造である必要はないなどとし、体育館が本来有すべき安全性に欠くところはないと反論している。

これに対し、判決は、まず、事故の発生が「当該営造物の設置・管理者において通常予測することのできない行動に起因するものであるときには、当該営造物が本来有すべき安全性に欠けるところはないと認めることができる」とする。その上で、事故発生まで、学校側が、生徒が天井に上っていることを知りながら、放置・黙認していた点を重視する判断を示している。

すなわち、この事故が発生する以前にも、大事には至らなかったが、部員が飾り板を踏み抜く事故が発生していた。にもかかわらず、今回の事故に至るまで、学校側は、口頭による注意にとどまり、「天井部分にボールが乗らないようにする措置」、部員が物理的に「はしごを使用できないようにする措置」等を講じていない。だとするならば、「部活動中にボールが天井部分に乗ることがある状況は変わらないのであるから」、学校側は、「部活動中にボールが天井部分に乗り、部員がボールを取るため天井部分に上る可能性があることを十分認識することができ」、ひいては、今回の事故の発生も予見できたはずだとしている。

施設・設備の管理に問題が発覚した場合、学校側は、徹底してその除去に努めなければならない。そして、この問題の除去は、児童生徒の特質、行動を勘案したものでなければならず、不十分な対応で放置することや児童生徒の行動を黙認することは、他の事項と相まって設置・管理の瑕疵《かし》を構成する可能性が多分に存在することに留意する必要があると言えよう。

【関連法令】
国家賠償法2条1項
【参考裁判例】
「公立高等学校バレーボール部体育館天井転落事故訴訟」（大阪地方裁判所判決平成25年7月29日）

「天窓転落事故」再考

●天窓等からの児童生徒の転落事故が複数回にわたって発生した。
●児童生徒が天窓に近づかないようにするとともに、安全性の確保が重要である。
●日常の教育実践における安全確保については教員の専門性を尊重し、節目において校長が注意喚起をすることが妥当である。

2008年6月、東京都杉並区の公立小学校で、6年生の児童が校舎屋上の天窓から転落し、死亡するという事故が発生した。学習を終えて教室に移動する際、児童がドーム形の天窓に上っていたところ、アクリル樹脂のドームが割れて、その下にあった網入りガラスも突き破り、約12メートル下の床に落下した事故である。

授業方法を監督する義務

この事故を受けて、文部科学省は「児童生徒等が乗ることのないよう適切な安全管理を行う必要がある」などとする文書を発出した（「学校における転落事故等の防止について（依頼）」平成20年6月20日20ス学健第16号）。文書は、子どもが近づく可能性のある天窓については、「児童生徒等の多様な行動に対し十分な安全性を確保した設計とすることが重要」とし、「天窓の構造や設置状況等を把握した上で、周囲に防護柵を設置すること及び内側に落下防護ネットを設置すること等、安全な構造とするとともに、効果的な表示等による注意喚起を図る」ことを求めている。

だが、残念ながらその後も天窓転落事故は起きている。10年4月には、鹿児島県霧島市で小学校3年生の児童が、校舎の3階から転落した。また、同年5月には、香川県高松市で、中学3年生の生徒が、下水処理場・水処理棟の屋上広場の天窓から転落し、物議を醸すことになった。

では、学校側には、天窓等の転落事故から児童生徒の安全を守るため、どのような行動が求められるのだろうか。

設計段階は別として、まず求められるのは、天窓等の安全点検とその整備である。国家賠償法の解釈に倣い、当該設備が通常有すべき安全性を確保することが当面の課題となろう。「チーム学校」の重要性が強調されている現在、この安全性の確保は、学校事務職員などが担うべき重要な役割の一つと言える。

また、授業担当者には、屋上で授業を行う際、子どもが天窓に近づかないよう注意したり、制止したりすることが必須となる。杉並区の転落事故では、授業担当者がこの義務を怠ったとして、業務上過失致死罪（刑法２１１条前段）で、罰金20万円の略式命令が下されている（東京簡易裁判所略式命令平成22年4月9日）。

屋上という危険な場所であえて授業を行おうとする以上、子どもの安全確保には、細心の注意を払う必要がある。杉並区の事故では、授業を担当した教員は、児童が天窓に上ることを明確に阻止してはいない。それ故に指導監督の在り方に問題があったとする判決の姿勢は妥当と評価できるだろう。

ただ、校長に対する判決の姿勢は酷と言えなくもない。校長には、屋上に児童を上らせる際、天窓に近づかせないよう教員を指導監督する義務があるとして、担当教員と同様、罰金20万円の支払いが命じられている。

例えば、授業前の休憩時間、校長が、担当教員に対して、屋上で注意をするように声を掛けるべきなのだろうか。この方法を採用すれば、確かに事故を防げる可能性は高い。だが、直接の声掛けを校長に義務付けるやり方は、学校運営の実情に照らして妥当性に欠ける。危険を伴う授業の前にすべて声掛けを求めるとしたならば、屋上での授業のみならず、炎天下の授業、彫刻刀を使う図画工作の授業、包丁や裁ちばさみを使用する家庭科の授業、そして火を使う理科の実験と、その範囲は際限なく広がっていく。

校長の一日が声掛けで終わる。そんな学校運営はあり得ない。年度や学期の初め、修学旅行や遠足、プール開き、運動会等、大きな行事の際には、校長が直接、声を掛ける。日常の教育実践においては、教員の専門性に委ねていく。この使い分けが、妥当な方法と言えるだろう。

【関連法令】
文部科学省「学校における転落事故等の防止について（依頼）」（平成20年6月20日20ス学健第16号）
刑法211条前段（業務上過失致死傷罪）

【参考裁判例】
「杉並区天窓転落事故刑事事件」（東京簡易裁判所略式命令平成22年4月9日）

車いす生徒の受け入れ

- 就学指定の弾力化が進み、小中学校に多様な子どもが入学するようになっている。
- 車いすを使用する児童生徒の受け入れでは、学校側が対処すべき課題は多い。
- 教職員や児童生徒が車いすの操作方法に習熟していれば、事故は避けられた可能性がある。

特別支援教育の深化を受けて、就学指定の弾力化が進んでいる。国、地方公共団体に対し、「障害者が、その年齢及び能力に応じ、かつ、その特性を踏まえた十分な教育が受けられるようにするため、可能な限り障害者である児童及び生徒が障害者でない児童及び生徒と共に教育を受けられるよう配慮しつつ、教育の内容及び方法の改善及び充実を図る等必要な施策を講じ」るように求める、障害者基本法16条1項の存在もこれを後押ししている。

だが、その結果、小中学校には、多様な子どもが入学するようになり、人的側面、物的側面の双方において、学校側が対応に追われる場面が増加しているという。車いすを使用する児童生徒の受け入れもその一つである。施設・設備のバリアフリー化はもとより、車いすの構造や特性の理解、他の児童生徒への周知に至るまで、学校側が対処すべき課題は多い。

医師に対する状況確認義務

「車いす生徒転倒骨折事故損害賠償請求訴訟」は、受け入れに当たっての学校側の対応不足が糾弾された事案である（大阪地方裁判所判決平成元年7月27日）。

大阪府下の公立中学校において、移動の際、同級生が好意で車いすを押し、操作を誤り転倒させるという事故が発生した。腎臓疾患により骨がもろくなっていた生徒は、両大腿骨を折り、両下肢の機能をほぼ全廃する等、重篤な後遺障害が残ることになった。被害生徒とその保護者は、受け入れに当たり病状確認等の措置が十分に行われていなかったとして、学校設置者を相手に損害賠償の支払いを求める訴訟を提起した。

学校側は、事前に出身小学校や保護者に対して状況確認を行っていた。しかし、生徒が足が弱いことについては理解していたものの、腎臓疾患により骨折しやすい状態にあることまでは把握していなかったとされている。

判決は、「校長は障害をもった生徒を受け入れる場合、その病状等について小学校や両親、本人から事情を聴取するのみでなく必要に応じて医者の診断書あるいは医者からの事情聴取をするべきである」とする。そして、校長には、医師から病状を聴取し、取り扱いについて助言を受ける方策を講じなかった過失が存在するとして、損害賠償の支払いを命じる判決を下している。

残念なことは、この事故が同級生の好意に起因している点である。仮に、この同級生が車いすの操作方法を習熟していたとするならば、不幸な事故は避けられた可能性がある。だが、周知のように、車いすの操作方法に長けた教員は極めて少ない。ましてや児童生徒にその指導をできる教員はなおさら少数にすぎない。

現行の学校教育法施行令は「肢体不自由者」を、「肢体不自由の状態が補装具の使用によっても歩行、筆記等日常生活における基本的な動作が不可能又は困難な程度のもの」「肢体不自由の状態が前号に掲げる程度に達しないもののうち、常時の医学的観察指導を必要とする程度のもの」と定義している（22条の3）。これはつまり、「上肢・下肢など身体の各部位ごとに障害を判断する規定を改め、障害の状態を上肢、下肢を含め全身で捉え総合的に判断する」という趣旨である（「学校教育法施行令の一部改正について」平成14年4月24日14文科初第１４８号）。

それ故に、今後、一般のクラスに車いすの児童生徒が入学する可能性は高い。日本社会のノーマライゼーション（等しく生きる社会の実現）をより進展させるためには、この点の克服がまず必要と言える。その際、「国及び地方公共団体は、障害者の教育に関し、調査及び研究並びに人材の確保及び資質の向上、適切な教材等の提供、学校施設の整備その他の環境の整備を促進しなければならない」とする障害者基本法16条4項の存在に留意する必要があろう。

【関連法令】
障害者基本法16条1項、同条4項
学校教育法施行令22条の3
文部科学省「学校教育法施行令の一部改正について」平成14年4月24日14文科初第１４８号

【参考裁判例】
「車いす生徒転倒骨折事故損害賠償請求訴訟」（大阪地方裁判所判決平成元年7月27日）

学校事故と連絡義務

●学校で子どもがけがなどをした場合、保護者はまず連絡と情報提供を求める。
●「連絡の見極め」、線引きをどこで行うべきかが課題となる。
●学校側は保護者に「病院を受診させるか否か等を検討する機会」を与える必要がある。

事故、けんか、体罰等、学校で子どもが傷ついた場合、保護者がまず求めるのは、連絡と情報提供である。事後の経過を見ても、この二つが欠落したとき、大きなトラブルへと発展する可能性が断然高くなる。

とはいうものの、学校は、未成熟な子どもが多数集う空間である。小さな事故やトラブルは付き物であり、子どもはその繰り返しの中で成長していく。それ故に、小さな事故やトラブルは、ある種の通過儀礼と見なすこともできるであろう。

事故やトラブルのすべてを保護者に知らせる必要はなく、物理的にも不可能に近い。教員は、状況を見極め、保護者に連絡するか否かを振り分けていく。だが、そこに保護者の感情とのズレが潜んでいる。「なぜ、直ちに教えてくれなかったのか」。学校に寄せられる苦情は後を絶たない。

取りあえず保護者へ

では、連絡の見極めについて、どこで線を引くべきなのだろうか。保護者によって感覚が異なるため、この問いに答えを出すことは難しい。この点、保護者への連絡の必要性が争点を形成した例として、「東京都公立小学校跳び箱転落事故損害賠償請求訴訟」が存在している（東京地方裁判所判決平成26年11月11日）。

小学校の体育の授業において、跳び箱の台上前転が行われた。6年生の児童が練習した際、跳び箱に頭を着いて前に回ろうとしたところ、首をひねり右側にお尻から転げ落ちるという事故が発生した。数日後、診察を受けた児童は、環軸回旋位固定と診断され、5日間、入院することになった。

訴訟において、保護者は、事故に関する連絡の遅れを争点の一つにしている。担任教員と校長は、親権者である母親に対し、速やかに事故の状況等を報告すべき注意義務を負っていたにもかかわらず、これを怠ったという主張である。

他方、学校側は、教員は何度も首の状況を確認したが、児童からは大丈夫である旨の回答しか得られなかったとしている。また、養護教諭も事故の状況、事故後の児童の様子から異常がないものと判断したという。

判決は、「小学校サッカー失明事故訴訟」（最高裁判所第二小法廷判決昭和62年2月13日）を先例として引用し、「教諭又は本件小学校の校長に、本件事故について原告母に報告する注意義務があるか否かは、事故の種類・態様、予想される障害の種類・程度、事故後における児童の行動・態度、児童の年令・判断能力等の諸事情を総合して判断すべきである」とする。

そして、児童が大丈夫である旨を告げていたとしても、経過観察の必要性がなかったとまでは断言できず、担任教員については連絡義務が存在したと結論づけている。連絡を受け、保護者が児童の「状態を把握するとともに、病院を受診させるか否か等の検討をする機会が与えられる利益」を重視した結果と言える。

ただ、このケースでは、仮に担任教員が連絡を入れていたとしても、「環軸回旋位固定になることはなかった又は上記疾病がより早期に回復したとは認められない」。また、保護者は、児童本人から事故があったことについて報告を受けていた。判決はこれらの点を考慮し、最終的に児童の精神的損害を5万円と算定している。子どもによく見られる「環軸回旋位固定」であることを勘案すると、妥当な評価と考えるべきであろう。

判決を見る限り、どんな事故であっても、学校側は、保護者に「病院を受診させるか否か等の検討をする機会」を与える必要がある。ささいなことに思えても、大げさかなと感じても、取りあえず、保護者に状況を伝える。後々のトラブルを避けるために求められる措置である。「言い訳コンプライアンス」と言ってしまえばそれまでのことである。だが、今後、学校関係者に求められる姿勢であることだけは確かであろう。

【参考裁判例】
「東京都公立小学校跳び箱転落事故損害賠償請求訴訟」（東京地方裁判所判決平成26年11月11日）
「小学校サッカー失明事故訴訟」（最高裁判所第二小法廷判決昭和62年2月13日）

運動会と教職員の安全確保

●運動会等の行事において教職員が事故に遭い、公務災害、労働災害の認定を受けることが少なくない。
●大きな行事で進行途中に変更が生じた場合等、十分な引き継ぎ、確認を行う必要がある。
●進行マニュアルなどの内容をしっかりと確認しておく必要がある。

秋、運動会や体育祭のシーズンである。わが子が活躍する姿をカメラに収めようと、楽しみにしている保護者もさぞ多いことであろう。だが、近年、運動会等の様相が大きく変化している。騎馬戦や組み体操など、学校事故が社会的注目を集めるようになってきたからである。教職員は、児童生徒の安全確保に、日々、腐心することになる。

しかしながら、運動会等の事故は、何も児童生徒に限ったことではない。教職員が事故に遭い、公務災害、労働災害の認定を受けることも少なくない。その一つである「運動会号砲損害賠償請求訴訟」では、公務災害に基づく補償の不足分をめぐり、原因となった号砲を鳴らした教員の過失や過失相殺等が問題となっている（大阪地方裁判所判決平成16年8月24日）。

公立小学校の運動会において、朝礼台の傍らで、記録用写真を撮影するためにカメラを構えていた管理作業員が、出発係の教員が近くでスタート用ピストルを用いて号砲を鳴らしたことにより、耳に障害を負うことになった。管理作業員は、この事故により、左耳急性音響外傷で公務災害の認定を受け、さらにこれに伴ううつ状態および自律神経障害について追加認定を受けている。その結果、障害補償一時金、公務災害死亡者等特別給付金等を受け取ったが、なお損害が残存しているとして、学校設置者に対して９００万円余の損害賠償の支払いを求める訴訟を提起した。

最終的に判決は、管理作業員の過失を20％と認定した上で、学校設置者に対して７５４万円余の支払いを命じている。その最大の理由は、運動会の進行が混乱していたこと、言い換えるならば、運動会が組織的に整然と行われたとは言い難かったことにあると考えられる。

進行上の「混乱」に備える義務

競技の進行および運営は基本的に各学年の教員が担当し、出発係、放送係および準備係等の各種の係についてあらかじめ各教職員が割り当てられていた。これらの役割については事前に文書が配布され教職員に周知されており、管理作業員は、写真撮影と警備等の担当であった。

しかし、当日、進行の途中において変更が生じ、号砲を鳴らした教員は、ピストルに火薬を詰める係から、出発係へと役割が変更になっている。だが、役割変更は、進行を取り仕切っていた教員に通告されただけで、「他の者に特に周知されることもなく」行われたという。この変更をめぐる連絡の不徹底が、事故の遠因であったことは容易に想像できる。

そして直接の要因は、新たに出発係に就いた教員が「スターター用キャップを着用していなかった」ことであろう。仮に出発係の変更が周知されていなかったとしても、目印となるキャップを着用していれば、周りにいる教職員は号砲が発射される可能性を認識することができたはずである。

運動会等、大きな学校行事を実施するに当たって、進行途中に役割変更を余儀なくされる場合があり得ることは周知の事実と言える。にもかかわらず、進行途中に役割変更が生じる中、キャップの着用について、十分な引き継ぎ、確認を、なぜ誰も行わなかったのか。仮に、この点が進行マニュアル等から欠落していたとするならば、管理運営上の組織的なミスというほかかない。

では、20％とされた管理作業員側の過失、いわゆる過失相殺はどのように考えるべきであろうか。この点、教員は、号砲用のピストルを持ち歩き、事故発生前、出発係として現に数度にわたって号砲を発していたとされている。だとするならば、写真撮影等のために会場を移動する立場にあった管理作業員は、この教員を含めて周囲の動向に気を配り、運動会の進行を妨げないよう「安全な位置に移動すべきであったが、このような配慮をしなかった点に過失があった」と見るべきであろう。

【参考裁判例】
「運動会号砲損害賠償請求訴訟」（大阪地方裁判所判決平成16年8月24日）

第2章

授業・行事のリスクマネジメント

理科実験とアルコールランプ

- 小学校の理科実験でマッチ不要の「理科実験用ガスコンロ」が使われるようになってきている。
- 小学校では従前のアルコールランプを用いた実験中に児童が大やけどを負う事故が発生していた。
- 「理科実験用ガスコンロ」は安全ではあるが、災害発生時等を考えた場合、マッチの使用方法を学ぶことも重要ではないだろうか。

理科の教科書が大きく様変わりしている。昭和の時代、実験器具と言えば真っ先に名前の挙がったアルコールランプやガスバーナーが影を潜め、「マッチ不要」「安全で便利」をうたう、「理科実験用ガスコンロ」なるものが主に使用されるようになった。特に小学校でこの傾向が強いという。

子どもの安全をどのように確保するのかは、改めて指摘するまでもなく、理科実験における最大の命題と言える。特に小学生は、危機回避能力が未成熟であり、事故発生の危険性は高くなりがちである。アルコールランプに対しては、「転倒、毀損《きそん》、引火、やけどの危険が常に付きまとい、実験そのものよりも、その管理に神経をすり減らしている」という声を耳にすることも多い。

常に危険と隣り合わせ

確かに、アルコールランプを使用した実験で小学生が重篤なやけどを負った事故は少なくない。例えば、2011年には、神奈川県下の公立小学校で、10歳の女子児童が顔面に大やけどを負い、指導に当たっていた教員が停職6カ月の懲戒処分を受けるという事故が発生している。皮肉なことに、アルコールランプが倒れた際の対処法を教えるため、教員が実演を行っていた最中のことであったという。

中には、「東京都公立小学校理科実験事故訴訟」のように、責任の所在が司法の場で争われた例も存在している（東京地方裁判所八王子支部判決平成13年9月27日）。

理科実験室で炎の実験を行っていた際、小学6年生の児童が、アルコールランプの火をろうそくに移そうとし、誤ってアルコールと火口を机に落とし、燃え広がったという事故である。

この事故でそばにいた女子児童が顔面に大やけどを負うことになった。調停を経て、児童は、後に後遺障害等について賠償を求める訴訟を提起することになる。

訴訟において、女子児童側は、事故に至った理科実験の問題性を以下のように主張している。

そもそもアルコールランプは、その構造上、斜めにすれば、接着処置の施されていない火口部分が外れ、器内のアルコールが火と共に飛び出し、火災事故の生ずる恐れが極めて強い器具である。従って、指導に当たる教員には、アルコールランプを使用する実験を行う際、その取り扱い方法について具体的に注意、指導すべき義務が存在している。

とりわけアルコールランプを傾ける行為をすれば、芯を含む火口部分が外れ、ランプ内のアルコールと共に飛び出し、危険な状態となること、まして、火の付いたアルコールランプについて同じような行為をするなど取り扱いを誤れば、火災の発生する恐れが大きいことを念入りに指導すべきであった。

この主張を前提とする限り、まだ自らの行為について、その責任を弁識するに十分な能力を具備しているとは言い難い小学生の段階において、アルコールランプを使用した実験を行わせることは妥当ではないのかもしれない。

その中にあって、「マッチ不要」「安全で便利」とうたう、理科実験に特化したガスコンロの登場は、多くの小学校教員にとって朗報である。また、理科実験を苦手とする小学校教員の存在が指摘される今日、その効果は少なくないであろう。

ただ、どこか釈然としないところがある。マッチの使用方法を習得することは、災害時の対処等を考えるとき、大きな意義を有している。この視点を重視するならば、安全管理を徹底した上で、あえてマッチの使用やアルコールランプにこだわることにも意味があると言えよう。実験を理科という教科の枠内でのみ考える姿勢で果たしてよいのか。悩ましい問題である。

【参考裁判例】
「東京都公立小学校理科実験事故訴訟」（東京地方裁判所八王子支部判決平成13年9月27日）

実験・実習時の安全管理

●児童生徒が主体的に活動する実験や実習の教育的意義は大きい。
●一方で、実験や実習には常に事故の危険が存在する。
●教員には、発達段階に応じた指導・監督義務がある。

生きる力を育む上で、児童生徒が主体的に活動する実験や実習の持つ意味は大きい。小学校学習指導要領（平成29年3月）では、例えば、「自然に親しみ、理科の見方・考え方を働かせ、見通しをもって観察、実験を行うことなどを通して、自然の事物・現象についての問題を科学的に解決するために必要な資質・能力を次のとおり育成することを目指す」といった記述が存在している（第4節理科）。だが、その一方で、実験・実習には常に事故の危険が付いて回る。アルコール　ランプやガスバーナーといった、理科の実験器具から、包丁等、家庭科の調理器具まで、日ごろ使い慣れていない、しかも「危ない」道具を使いこなすことが求められるからである。

発達段階に応じた動静監視

その典型が、小学校のアルコールランプである。近年は、理科実験専用のガスコンロが登場し、見掛けることが少なくなったが、かつては、火口が落ちて燃え広がるなどの事故が頻発していたことは前述の通りである。中には児童に被害が及ぶ事故もあり、訴訟にまで発展する例も散見された（東京地方裁判所八王子支部判決平成13年9月27日等）。

では、実験・実習を行う際、教員には、事故を防止するためにどのような配慮が求められるのだろうか。この点、「小学校家庭科裁縫実習事故損害賠償請求訴訟」は重要な示唆を与えてくれる（東京地方裁判所判決平成15年11月10日）。

東京都内の公立小学校において、5年生の児童が家庭科の授業で行われた裁縫実習（名前の縫い取り、玉どめ、玉結び等）の際、同級生が持っていた裁ちばさみで左手の薬指を負傷した事案である。児童は、実習の担当教員に過失が存在するとして、損害賠償の支払いを求める訴訟を提起した。

これに対し判決は、一般的に「小学5年生程度の学齢にある児童は、いまだ十分な判断能力、自律能力を有しない」とする。にもかかわらず、「授業では、中針及び糸切りばさみ等が使用されるほか、各児童の裁縫箱の中には、小学5年生が扱う用具としてはさらに危険な裁ちばさみが入っていた」ことが、事故を引き起こした要因であるとした。

そして、この状況の下で、担当教員は、自分の座席を離れて教室内を移動することを認め、「児童同士が接近、接触する状況を許容したのであるから」、担当教員は、「裁ちばさみを持って遊んだり、ふざけたりするなど危険な行動に出る児童もあり得、児童同士の接近、接触により事故が発生することを想定して、可能な限り教室内の児童の動静を見守り、危険な行動に出た児童に対しては、適宜注意・指導を与えるべき注意義務」を負っていると見るべきだとしている。

事故は担当教員が、「一番後ろの席で、作業の遅れている児童の個別指導に当たっている間に発生」している。加害児童が、「裁縫箱にしまっていた家庭科用の裁ちばさみを取り出し、刃先を宙に向け、刃を開けたり閉じたりし始め」た。被害児童がこれに気付いて裁ちばさみを取り上げようとしたところ、加害児童が「自分の身をよじりながらかわしていたにもかかわらず」、個別指導に当たっていた担当教員は、2人の行動に気付かなかったという。

最終的に判決は、教員に過失があったとし、43万円余の損害賠償の支払いを命じた。判決から読み取れるのは、発達段階に応じた指導・監督義務の重要性である。事実認定によれば、事故が発生したのは授業の終了間際であり、数人の児童を残し、ほとんどの児童が作業を終えていたとされている。

作業を終えた児童は、注意が散漫になり、授業以外のことについ目がいきがちである。ましてや小学生は、中高生と比較して自己統制能力の発達が十分とは言えない。だとするならば、教員の動静管理義務はより高度なものとなり、その徹底が一層求められることは必定である。

【関連法令】

文部科学省「小学校学習指導要領」（平成29年3月告示）

【参考裁判例】

「小学校理科実習事故損害賠償請求訴訟」（東京地方裁判所八王子支部判決平成13年9月27日）

「小学校家庭科裁縫実習事故損害賠償請求訴訟」（東京地方裁判所判決平成15年11月10日）

学校給食の安全確保

- 学校給食の安全確保に注目が集まっている。
- アレルギーへの注意に加え、誤嚥防止も重要なポイントである。
- 事故発生時には、救急車の要請までの時間もポイントとなる。

アレルギー疾患対策基本法の制定以降（平成26年6月）、学校給食の安全確保により注目が集まっている。確かに、学校給食には、そばや小麦等、アナフィラキシーショックの原因となる食物が多く使用されている。それ故に、アレルギーへの注意に関し、学校給食において「過剰」という概念はない。

誤嚥への配慮はどこまで必要か

しかし、学校給食の安全確保は、アレルギーへの注意に尽きるものではない。例えば、誤嚥の防止もその一つである。誤嚥とは、普通であれば口腔から咽頭、食道、そして胃へと送られる食物等が、誤って気管に入ってしまう状態を指す。むせたり、せき込んだりするだけならまだよいが、時には窒息等を引き起こし、生命に関わる事故にもつながりかねない。

誤嚥というと高齢者を思い浮かべがちだが、学校給食においてもたびたび問題になっている。２０１３年には、小学校の給食で、特別支援学級に在籍する児童がプラムを喉に詰まらせて窒息するという事故が起きた。この事故を受けて文部科学省は、「学校給食における窒息事故の防止について」を発出し、学校現場に誤嚥事故への注意を促している（平成25年7月1日事務連絡）。

「学校給食白玉誤嚥死亡事故損害賠償請求訴訟」は、誤嚥事故が訴訟にまで発展した事案の一つである（宇都宮地方裁判所判決平成29年2月2日）。事故は、10年、栃木県真岡市の公立小学校で起きている。1年生の男子児童が、給食で出された汁ものに入っていた白玉団子を誤って喉に詰まらせて窒息するという事故が発生した。病院に救急搬送されたものの、脳死状態となり、入退院を繰り返した後、死亡することになる。遺族は、学校給食の提供方法、救急処置等に過失があったとして、学校設置者を相手に損害賠償を求める訴訟を提起した。

訴訟においては、給食で出された白玉が小学1年生に適した大きさであったかなどが争われることになった。

これに対し判決は、学校給食は、在学するすべての児童に対し実施されるものであり、学校給食の安全性について、学校設置者は安全配慮義務を負うとする。その上で、直径約2センチメートルという白玉団子の大きさが、他の食品と比較して特に誤嚥事故発生の危険が高いものとは言えず、「白玉団子はある程度大きさがあること、その他、当時の知見を併せ考慮すると、小学校低学年の児童が、汁とともにそのまま白玉団子を吸い込み飲み込んでしまうことが通常ありうるような提供の方法とまではいい難い」とした。

ただ注意を要するのは、今回のケースは被害者が7歳とはいえ健常児であった点である。乳歯から永久歯に生え替わる時期であったが、判決が指摘する通り、誤嚥の可能性は乳児らと比較して相当程度低いことは事実である。それ故、遺族側が主張するように、白玉団子の大きさを半分（1センチメートル）以下にする義務があったとまでは言えないであろう。しかし、これが特別な支援が必要な児童であった場合は、別の判断が示される可能性が存在している。

他に12年に、宮城県内の特別支援学校で起きた窒息事故では、給食で出されたオレンジが原因とされ、指導に当たっていた教員の刑事責任が問題となっている。検察は教員を不起訴処分としたが、検察審査会が「不起訴不当」の議決を行い、再捜査が行われるに至った事案である。17年3月、検察は再び教員を不起訴処分としたが、その動向に教育関係者の注目が集まることになった。

なお、訴訟では、事故発生時の救急措置の在り方として、救急車の要請についても争われた。この点について判決は、教員らは、事故発生を察知してから2分ないし3分後には救急車を要請していると認められるとし、救急車の要請が遅れたと評価することはできないとしている。

【関連法令】
アレルギー疾患対策基本法（平成26年6月）
文部科学省「学校給食における窒息事故の防止について」（平成25年7月1日事務連絡）

【参考裁判例】
「学校給食白玉誤嚥死亡事故損害賠償請求訴訟」（宇都宮地方裁判所判決平成29年2月2日）

プール指導と教員の責務

- 夏休みのプール開放は学校の風物詩である。
- プール指導に当たる教員に課せられる法的義務を理解することが重要である。
- 衝突などが起きないように指導・注意するとともに、事故発生時は適切な対応を取る注意義務がある。

8月、あちらこちらのプールから、子どもたちの歓声が聞こえてくる。夏休みのプール開放は、学校の夏の風物詩である。教員、保護者、あるいは地域の人々が、当番を決め、交代で指導や監視に当たる。学校、家庭、地域社会の連携で成り立っている行事の一つと言える。

しかし、ここ数年、プール開放に異変が起きている。夏のプール開放を中止する学校が増えてきているのである。「スイミングスクール等に通う子どもが増加した」という理由もあるが、監視員の確保が困難になっているという理由も多いという。事故の危険性が強調され、監視員にライフセーバーの資格を求めるなどの動きが顕著になっていることが関係している。

確かにプール指導には、常に事故の危険が付いて回る。溺れた。ぶつかった。飛び込んでプールの底で頭を打った。監督に当たる者にとって、ひやひや、ドキドキの連続である。

高度の監視義務と迅速な搬送義務

では、プール指導に当たる教員には、どのような義務が課されると考えるべきなのだろうか。

「プール死亡事故損害賠償請求訴訟」では、小学校におけるプール指導の在り方が争点となっている（千葉地方裁判所判決平成11年12月6日）。千葉県下の公立小学校で、水泳の授業中、児童同士の衝突事故が発生し、4年生の女子児童が死亡した事案である。

女子児童は、プール内で泳いでいる最中、泳ぎ方に異常を呈し、指導に当たっていた教員によってプールサイドに助け上げられた。養護教諭の判断を経て、病院へと搬送されたが、脳梗塞により命を落とすことになった。

保護者は、水泳授業中、学校は、事故の発生を防止し、事故発生時には迅速な診療の機会を確保する義務を負っているなどとして、損害賠償の支払いを求める訴訟を提起した。

これに対し、判決は、教員らは、水泳中の児童がプール内で他の児童と衝突することを容易に予測することができたという点から議論をスタートする。そして、ある程度の体格の児童が全力で泳いで衝突したり、他の児童を蹴ったりすれば、双方あるいは一方の児童が何らかの傷害を負う事態になることも予測可能であったとしている。

その上で、判決は、衝突によって傷害の生じ得るような泳ぎ方をさせる場合、担当教員は、泳ぐコースを明確に区分し、あるいは同時に泳がせる児童の数を減らすなどして間隔を確実に取れるようにするとともに、児童に対しては、他の児童と衝突しないように十分に間を空けて泳ぐよう指導・注意するなどの配慮を行うべきだとした。

他方、事故発生時の救護については、指導に当たる教員らは、児童の状態を十分な注意力を持って把握するよう努め、必要な情報を的確に伝達して適切な対応を取るべき注意義務を負っているとする。今回のケースでは、容易に左上下肢のまひに気付き、救急車の要請も含め、症状に対応した医療機関で迅速かつ適切な診療を受ける方策を講じることができたにもかかわらず、それがなされていなかったとして、教員らの過失を肯定している。

確かに、教員らは、女児が、立たせようとしても、自分では立てなかったのを知りながら、状態を確かめようとはせず、またその事実を養護教諭に伝えてもいない。それどころか、女子児童をプールサイドに引き上げた後、授業が終了するまで、プールサイドに留め置いてさえいる。

この事故は、もともと多くの危険を内包するプール指導の時間に発生したものである。教員らがこの認識の下、慎重な確認を行い、確実な情報伝達と迅速な搬送を行ってさえいれば、仮に、教員らが外傷による頸部《けいぶ》動脈内膜損傷に基づく脳梗塞についての知識を欠いていたとしても最悪の事態は防止できたのではないだろうか。

【参考裁判例】
「プール死亡事故損害賠償請求訴訟」（千葉地方裁判所判決平成11年12月6日）

自習中の子どもの事故
―小学校低学年―

●自習時間は危機管理の観点から見た場合、「魔の時間」である。
●教員は教育活動における危険から児童生徒を保護する義務を負う。
●教員の不在が問題視され、訴訟に発展した事例も存在する。

「きょうは自習です」。この一言で教室全体から歓声が上がる。どの学校でも見られる光景である。自習時間にこんないたずらをしたなと、振り返る読者もさぞ多いことであろう。

しかし、危機管理という観点から見た場合、自習時間は「魔の時間」と言っても過言ではない。多くの事故が発生しているばかりか、教員の不在等、学校側の過失をめぐって訴訟にまで発展した事例も複数存在している。

教員の離席は原則禁止

例えば、「大阪府公立小学校自習時間中事故損害賠償請求訴訟」もその一つである（大阪地方裁判所判決平成13年10月31日）。事故が起きたのは、小学2年生のクラスであった。事故発生時、授業中にもかかわらず、担任教員が教室を離れていた。この間に、同級生の行為が原因で、児童の目に鉛筆が刺さり、角膜裂傷等の傷害を負う事態となった。事故を受けて、被害児童は、担任教員が離席さえしなければ、事故は発生しなかったはずだとして、損害賠償を求める訴訟を提起することになる。

これに対し判決は、「学校の教師は、学校における教育活動によって生ずるおそれのある危険から児童・生徒を保護すべき義務を負」うという点から議論をスタートさせている。そして、特に、「小学校低学年の児童は、未だ集団生活の規律が身につかず、危険予知能力も十分ではないことは明らかであって、教師が授業時間中に児童を残したまま教室を離れると、本件事故のような事故が起こることは十分に予見できる」とする。その上で、「小学校低学年の授業を担当する教師は、正当な理由のない限り、その授業中教室に在席して児童らの動静を把握・監督し、その安全を確保するよう注意すべき義務がある」としている。

訴訟において学校側は、担任教員が、受け持つ児童を常に直接的な監視下に置くことは事実上困難であるとして、「直接的な監視下にない状態において発生した児童の事故については、児童を直接の監視下に置かなかった理由、その時間の長短、当該事故の具体的態様などを考慮して義務違反の有無を判断する必要がある」と主張していた。言い換えれば、日常的な教育活動において、何が「適切な措置」かは、それを担う教員の判断を尊重し、これを前提に判断すべきだという論理である。

だが、この事案における教員の離席理由は、個人面談の日程調整であったとされている。改めて指摘するまでもなく、授業時間中に教室を離れて、日程調整を行うことは一般的に想像し難い。判決が正当に指摘しているように、日程調整は休憩時間に行えばよく、「教論が個人面談の日程調整のために教室を離れる必要性は乏しく、本件離席行為に正当な理由があるとは到底いえない」だろう。

この点はさておき、確かに、日々の教育実践において、教員に求められる「適切な措置」は、一義的に定まるものではない。学校教育が有する多様な目的に照らして、教員の裁量に委ねられる部分が多いと言える。

しかし、問題となっている事故が「授業時間」中に生じていることを見落としてはならない。教育実践における教員の裁量の中に、果たして「授業を自習にし、教室を離れる自由」は含まれているのであろうか。多くの保護者は、疑いなく「ＮＯ」と答えるだろう。

保護者は、事故や急病人の発生といった緊急事態は別として、授業時間中は教員が教室等にいて子どもの安全を見守っていると信じている。「未だ集団生活の規律が身につかず、危険予知能力も十分ではない」小学校低学年の児童の場合、保護者の有するこの期待は特に大きいものとなる。仮に、児童が自ら学んでいくという自学自習の姿勢が求められる学習態度であったとしても、その涵養は教員の適切な指導・監督の下で行われる必要がある。そう考えると、「教員の離席は原則禁止」と考えるべきであろう。

【参考裁判例】
「大阪府公立小学校自習時間中事故損害賠償請求訴訟」（大阪地方裁判所判決平成13年10月31日）

トラブルが多い児童への対応

- ●社会性が乏しく、自己の衝動を抑えることが苦手な子どもが鉛筆を投げて、他の児童の左目に刺さった事件がある。
- ●判決では、担任教員の「児童の安全についての配慮すべき注意義務」「問題行動の見られる児童に対する指導をし、配慮すべき注意義務を怠った過失」を認めている。
- ●担任教員には、子どもの関係性を意識した判断が常に求められる。

4月は新学年がスタートする時期である。子どもたちは、新しいクラスの中で、人間関係を構築しようと試行錯誤する。その過程では、当然、子ども同士の小さな衝突が繰り返されることになる。

この種のトラブルは、クラス内の人間関係が固まるとともに落ち着いていくのが一般的である。だが、社会性が乏しく、自己の衝動を抑えることが苦手な子どもが交じっていると、なかなか、収まる気配が見えてこない。次第にクラスの雰囲気は荒れ、教員は一年中その対応に追われかねない。

関係性に対する配慮が重要

トラブルが多い児童への対応を誤った例として、「小学校鉛筆事故損害賠償請求訴訟」が挙げられる（甲府地方裁判所判決平成16年8月31日）。山梨県下の公立小学校で、クラスメートの投げた鉛筆が4年生の児童の左目に刺さり、眼球穿孔、角膜裂傷、後発性白内障等の傷害を負った事案である。

加害児童は、低学年の頃から、すぐにかっとしたり、友達に手を出したりするといった性格で、素行上、問題のある子どもとして認識されており、担任教員にもその旨の申し送りがなされていた。しかも、被害児童の保護者は、子どもが加害児童からいじめられているのではないかと心配し、担任教員にその旨を申し出ていたという。にもかかわらず、事故当日、担任教員は、帰りの会で落ち着きのない行動を繰り返していた加害児童に対し、行動を慎むことを条件に本人の意向を酌み、被害児童の隣の席に移動することを認めていた。

判決は、「児童の安全について配慮すべき注意義務及び問題行動のみられる児童に対して指導をし、配慮すべき注意義務を怠った過失」が存在すると担任教員の指導の在り方を指弾している。

まず、担任教員には、「担当クラスの児童の生命身体の安全について配慮し、各児童に対する一般的抽象的な注意や指導をするのみならず、児童一人一人の性格や素行に注目し、特にほかの児童に危害を加えるおそれのある児童について十分な指導と配慮をすべき注意義務」があるとする。その上で、帰りの会は、担任教員が、「児童らの面前で連絡事項を行うなどの形態で行われているものであるが、通常授業と比べて、児童が解放的な気分になりやすい状況であるともいえる」として、「児童らの動静について、正規授業と同程度かそれ以上に安全に配慮すべき注意義務が要求されていた」と解するのが相当と指摘している。

そして、事故当日、担任教員が、日頃から問題行動の見られた加害児童が、落ち着かない様子であったことを認識していたことに着目し、この状況で、「友達関係に問題の生じていた」被害児童の近くに座らせれば、「何らかの危険を伴う行動に出るかも知れないことは、通常予見し得る」とし、予見可能性を肯定したのである。

注意を要するのは、事故発生当時、担任教員は、配布作業に気を取られ、加害児童の動向を把握できていなかったと認定されている点である。判決の論理に従うならば、「トラブルが多い児童」が学級に在籍している場合、担任教員は、その動向注視と他の児童への対応を並行的に進めていくことが求められることになる。

トラブルの多い児童や学級全体の状況にもよるが、果たしてそれは可能なのだろうか。この事案においては、担任教員は、日頃から問題行動を繰り返している児童について、その動向注視を怠ったばかりか、保護者がいじめを疑うほどに関係が悪化している同級生の隣にわざわざ座席を移動させた。そのため、判決の結論に異議を唱える向きはほぼ存在しないと思われる。しかし、仮に座席の移動がなかった場合、担任教員の過失を認めることができるかについては議論の分かれる余地が存在する。ただ一つ言えることは、担任教員には、子どもの関係性を意識した判断が常に求められるということであろう。

【参考裁判例】
「小学校鉛筆事故損害賠償請求訴訟」（甲府地方裁判所判決平成16年8月31日）

休憩時間の事故と安全配慮義務

―小学校・校庭・一輪車―

- 休憩時間は子どもたちの気が緩み、思わぬ事故が発生する。
- 特に小学校の場合、児童の危機回避能力が十分に成長・発達しているとは言えない。
- 校庭や体育館には、全体に目が行き届くように複数の教員を配置する必要がある。

休憩時間は、学校生活のオアシスである。子どもたちは、思い思いの時間を過ごし、授業の緊張を癒やしていく。だが、気の緩みもあり、思わぬ事故が発生することも少なくない。

独立行政法人日本スポーツ振興センターによる「学校の管理下の災害［平成29年版］」によれば、小学校の場合、負傷・疾病の事故は休憩時間に最も多く発生しており、47・8%と全体の約半数を占めている。他方、発生場所としては、運動場・校庭が最も多く、体育館・屋内運動場、教室がこれに続くという。

　ここで注目したいのは、小学校の学校事故において休憩時間が占める割合である。中学校の12・0%、高等学校の4・1%と比較して突出しており、休憩時間が小学校における危機管理の重要なポイントとなっていることが理解できる。

　では、学校側にはどのような対応が求められるのだろうか。

指導の徹底と複数教員の配置

　小学校で休憩時間に運動場で発生した事故が訴訟にまで発展した例として、「一輪車衝突事故損害賠償請求訴訟」がある（東京地方裁判所判決平成17年9月28日）。東京都内の公立小学校において、小学2年生の児童が、一輪車に乗った他のクラスの児童に後ろから衝突され、頸椎《けいつい》捻挫の傷害を負った事案である。

　児童側は、一輪車はそれ自体危険性を有しており、一輪車と一般の児童が衝突し、事故が発生することについて学校側は十分に予見可能であったとする。にもかかわらず、学校側は、事故の発生を防止する措置を講ずべき義務を怠った等と主張して損害賠償を求める訴訟を提起した。

　一方、学校側は、一輪車が一般的に見て安全な遊具であるとの前提で議論を展開している。そして、事故発生当時、遊んでいた子どもの数に対し、運動場の広さが十分であったこと、一輪車等、遊びに応じて区域を定めるいわゆるゾーニングが行われていたこと、教員が遊びの状況を監視する「看護当番」制度を導入していたこと等を理由に、安全配慮義務違反は存在しないと反論している。

これに対し判決は、「一輪車の有する性質及び危険性、本件小学校の校庭における児童らの混在状況及び小学生、特に低学年の特性等の事情を認識した上で、一輪車に乗車した児童が校庭で遊ぶ他の児童と衝突するなどして、傷害を負わせる危険性を十分予見し得た」等とし、児童の訴えを容れ、損害賠償の支払いを命じた。

判決によれば、学校側は、子どもの安全確保について、「昼休みの休憩時間においても、それが小学校におけるその後の教育活動等が予定されている時間帯であって、小学校における教育活動と質的、時間的に密接な関連性を有しているものである以上、教育活動におけると同様の義務を負う」。そして、この義務が尽くされたかどうかは、「当該事故の発生した時間、場所、発生状況、事故当事者の年齢・判断能力、学校側の指導・監督体制、教師らの教育活動状況等の事情を考慮して判断」すべきとしている。

小学校の場合、子どもの危機回避能力が十分に成長・発達しているとは言えない。その子どもたちが多数集い、元気いっぱい校庭を走り回る。ましてや、判決が指摘しているように、「他の遊びをしている者が遊びに夢中になることによって、そのゾーンをはみ出し、あるいはそもそもゾーンの取決めを無視するなどして、異種の遊びをする児童が混在する危険性」が常に存在している。

そう考えると、単に遊びごとにゾーンを設定するだけでは不十分であり、その徹底を指導することこそが求められる。また、監視に当たる教員を配置するとしても、全体に目が行き届くよう、複数の教員を配置する等の配慮が必要となろう。

【参考裁判例】
「一輪車衝突事故損害賠償請求訴訟」（東京地方裁判所判決平成17年9月28日）

跳び箱事故と指導・監督責任

●学校教育には一定の危険を伴う活動が存在し、十分な安全管理、安全指導が必須である。
●体育実技はその中でも危険性が高いと考えられる。
●高度で難しい技などを指導する際には、学習指導要領等に準拠し、生徒の技能を見極め、適切な練習プロセスを経て行わなくてはならない。

理科の実験や体育実技、家庭科の調理実習など、学校教育には、本質的に一定の危険を伴う内容が含まれている。事故発生のリスクを心配するあまり、これらの活動を学校教育から排除することは、健全な子どもの成長・発達を阻害する可能性がある。それ故に、学校、教員は、十分な安全管理、安全指導を行った上で、それでも残るリスクについては引き受ける「覚悟」が求められている。

生徒の技能を見極める義務

その中にあって、日常的な危険性が最も高いと考えられるのが体育実技である。一瞬の気の緩みが生命に関わる水泳の授業、心臓疾患等の基礎的疾患が大きな影響を与えるマラソン、崩壊の危険が伴う組み体操のピラミッドなど、数え上げればそれこそ切りがない。

器具を使用し、跳躍を中心に多様な身体運動を複合させる跳び箱運動も、大きなリスクを抱えた種目の一つである。「中学校跳び箱事故損害賠償請求訴訟」は、そのリスクが顕在化した事案である（静岡地方裁判所富士支部判決平成2年3月6日）。

静岡県下の公立中学校において、2年生の体育の授業の一環として、前方倒立回転跳びと呼ばれる跳び箱運動が行われた。跳び越しの際、男子生徒の一人が誤って頭頂部を跳び箱上部に衝突させ、跳び箱の上から転落し、頸髄《けいずい》損傷、頭部打撲、頭部挫創、胸部および両肩打撲等の傷害を負うことになった。生徒とその保護者は、担当教員の指導・監督に問題があったとして損害賠償を求める訴訟を提起している。

判決は、まず「前方倒立回転跳び」について、当時の中学校学習指導要領やその解説に準拠していた点を認め、授業で男子生徒に試技させることについては許容されるとした。しかし、前方倒立回転跳びは、「できる生徒とできない生徒の個人差がはっきりした運動で、着手点が着地点よりかなり高く、跳び箱上で倒立回転姿勢をとるので、腕の筋力を必要とするばかりでなく、中学2年生にとっては、相当に高度な難しい技の運動」であるとする。

その上で、技自体が、「恐怖心や心理的不安感を生じ易く、高い危険性を内包している種目であるから、その指導に当たる教師としては、生徒各自の能力に応じ、個別的に、かつ、安全を確かめながら、台上からの倒立回転跳び、はねあげなど段階的な練習、指導を充分すべきであるとともに技能に劣る生徒に対しては自ら又は他の生徒を指導して補助すべき」であるとしている。

判決は、学校、担当教員に対し、生徒の技能を見極め、技能の劣る生徒を補助する義務を課したと見ることができるであろう。

にもかかわらず、事実認定によれば、担当教員は、授業内容の概要や各生徒の出来具合などを確認したことが一度もない。また、自らの授業では、事故の約1週間前の授業で体操部の生徒に、前方倒立回転跳びの試技を他の生徒の目前で1回させ、その際、口頭で漠然とした注意を与えたことがあったにすぎないとされている。しかも、担当教員は、負傷した生徒の運動能力が普通より少し劣り、倒立すら満足にできないということを把握していた。従って、生徒が試技に失敗する事態を十分に予見することが可能であったと考えられる。

だとするならば、担当教員に「注意義務を怠った過失がある」とした判決の立場は支持されてしかるべきであろう。事故発生当時、旧文部省の中学校学習指導要領は、器械運動の跳び箱運動の内容について、「跳び方を工夫した跳び箱運動」を「自己の技能に適した課題をもって行い、調子良くできるようにする」とし、体操その他の体育種目と同様、「学年や技能の程度に応じて内容を工夫して指導するものとする」と記していたことに留意する必要がある。担当教員は、この意味をはき違えていたと見ることができる。まさに「個に応じた指導」が求められた場面である。

【関連法令】
文部省（当時）「中学校学習指導要領」（昭和52年7月告示）

【参考裁判例】
「中学校跳び箱事故損害賠償請求訴訟」（静岡地方裁判所富士支部判決平成2年3月6日）

組み体操ピラミッドの危険性
──高等学校・体育祭──

●近年、組み体操、特に「ピラミッド」の事故が多発し、実施に対する危惧が高まっている。
●指導に当たる教員および校長は内在する危険性に対し十分に注意する必要がある。
●学習指導要領にも明確に位置付けられていない種目であることにも留意すべきである。

近年、組み体操、特に大人数で作る「ピラミッド」への危惧が高まっている。その背景には、多発する事故がある。２０１５年9月には、大阪府下の公立中学校で、10段ピラミッドが崩壊し、右腕骨折等、6人の生徒が負傷する事故が発生している。

当然のことながら、組み体操の事故、特に、多人数で行うピラミッドのそれに関しては、既に司法の場で幾度も争われている。「公立高等学校ピラミッド崩壊訴訟」はその一つである（福岡地方裁判所判決平成5年5月11日）。

福岡県下の公立高等学校において、体育大会の種目として8段組みのピラミッドを作ることになった。その練習中、6段目の生徒が上がりかけたところでピラミッドが崩壊し、最下段にいた生徒が頸椎《けいつい》骨折等の重傷を負った事案である。

被害生徒側は、ピラミッドは、バランスを崩して崩壊する危険が十分にあり、落下した生徒の受傷が予想されること、また、下敷きになった生徒には、相当の重量が短時間に急激な衝撃を伴って加わるため、ラグビー等のように攻撃、防御の動作を内容とする競技と異なり、重大な傷害の発生を容易かつ具体的に予見することが可能だったはずとして、損害賠償の支払いを求める訴訟を提起した。

これに対して判決は、まず体育の授業で生じた事故については、「その授業の内容、危険性、生徒の判断能力、事故発生の蓋然性や予測可能性、結果回避の可能性等を総合考慮し、その客観的な状況の下での具体的な注意義務の違反があったか否かが検討されなければならない」とする。そして、ピラミッドは、参加者が多くなるに従って、高さ、人数等、下段の者らの負荷が大きくなること、小学校で最下段の児童が死亡する事故が発生していること等に着目し、「高さ5メートルにも及ぶ8段のピラミッドは、体育大会の種目として採用し、実施するに当たっては、指導に当たる教諭ら及び学校長は、内在するこれらの危険性に十分に留意すべきであった」とした。

にもかかわらず、指導に当たっていた教員らは、「8段ピラミッドが極めて成功が困難で、危険性のあることを十分に認識せず、これを安易に採用し、生徒らの危険回避の方法等を工夫すること」はなかった。また、ピラミッドを組み立てるために必要な段階的な練習、指導を行うことなく、「一気に実践の組立てに入り、練習2日目で5段以上の高段を目指した」という。これらの点に着目し、判決は、教員らに、事故回避に関して注意義務違反があったと判断している。毎年、恒例の種目であったとはいえ、判決を前提にする限り、あまりにもずさんでおざなりな指導であったと言える。

では、ピラミッドは、学習指導要領ではどのように扱うべきとされていたのだろうか。

学習指導要領には登場しない種目

当時の学習指導要領には、ピラミッドに関する明確な記述は存在していなかった。だが、この点について判決は、「指導すべき『体育』の科目として『体操』『スポーツ』等を定めていることが認められるから、ピラミッドはこれらに類するものとして」、その内容に含まれると解している。しかし、「日常生活における適切な体育的活動の実践が促される」よう配慮することを求める当時の学習指導要領に照らし、その判断が妥当であったかは疑問の残るところであろう。
　なお、8段ピラミッドへの挑戦は、前年7段が失敗したことを受け、生徒の側から申し出たものであった。この点と関わって、生徒の自主性をどこまで認めるべきかが議論されなければならない。判決は、生徒の思慮不足の可能性に言及するとともに、体育大会は学校行事の一環であり、その練習も正式な「スポーツ」授業の一内容とされており、「体育教諭らがその内容を選択、決めるべきもの」としている。高等学校段階の生徒の自主性の限界を画するものとして、留意しなければならない点であろう。

【参考裁判例】
「公立高等学校ピラミッド崩壊訴訟」（福岡地方裁判所判決平成5年5月11日）

組み体操指導の在り方
——小学校高学年——

- 組み体操ではどんなに小さい技であったとしても、どんなに安全確保に努めたとしても、一定の割合で事故は必ず発生する。
- 事故発生のリスクと学校はどう向き合うべきか。
- 実施計画の作成と不断の見直しが危機管理を考える上で重要である。

組み体操、特にピラミッドやタワー等の「大技」の危険性が社会の耳目を集めだしてから数年が経過した。この間、小学校はもとより中学校、高等学校に至るまで、「大技」はおろか、組み体操それ自体に消極的な学校が増加していると言われている。この傾向は、子どもの安全を最優先するという学校教育の出発点に照らして致し方ないことである。

だが、その「達成感」故か、保護者や地域の中には惜しむ声が今も多い。そんな声に押され、組み体操を継続している学校が存在する。特に3～4人の少人数で行う組み体操は、危険性がそれほど高くないなどとして、体育の授業や運動会で積極的に取り組むところが少なくない。

しかしながら、教員ならば誰もが理解しているように、たとえ小さな技であったとしても、どれだけ安全確保に努めたとしても、一定の割合で事故は必ず発生する。組み体操にとどまらず体育的活動、ひいては学校教育それ自体に内在するリスクであり、学校現場が抱える宿命とも言えるだろう。

では、このリスクと向き合うために学校現場にはどのような指導、配慮が求められるのだろうか。

この点が争われた事案として、「小学校小規模組み体操事故損害賠償請求訴訟」がある（東京地方裁判所判決平成29年9月29日）。２０１２年秋、東京都内の公立小学校において、5年生の児童が組み体操の練習中に転落して骨折等の傷害を負った事案である。

指導計画と習熟度への配慮が重要

取り組んでいたのは、２人の児童が相互に向き合い、上半身を前屈させながら肩に手を掛け合って土台を作り、１人の児童が土台となる児童の背中に片足ずつを乗せて立ち上がる「3人タワー」と呼ばれる技であった。負傷した児童は、指導・監督に当たっていた教員に安全配慮義務違反があったと主張し、損害賠償の支払いを求める訴訟を提起した。判決はこれを退けたが、その論理には学校現場が留意すべき事項が含まれている。

判決は、一般論として、この技について、「一般に小学校における組み体操で行われる技の中で特に難易度の高いものということはできず、これを行う児童において特に技の完成が困難な様子が見られる場合でない限り、児童を支える補助者を付すなど、安全を確保するための特段の措置をとる必要があるとはいえない」とした。

そして、これを前提に技の危険性や習熟度に応じた指導・監督を怠ったかについて検討を進めていく。最終的に判決は、傷害を負った児童らの組は「技の習熟度が低かったとは認められず、指導に当たっていた教諭らにおいて、児童を支える補助者を付したり、原告が転落した場合に備えてマットを用意したりするなど、安全を確保するための特段の措置をとる義務があったとは認められない」と結論付けている。

判決の手法は、まず技に内在する一般的な危険を評価し、これを前提に危険度に応じた指導の在り方を吟味しようとするものである。子どもの安全確保に向けて緊張を強いられている学校現場からすると、単に事故が発生したという結果について問うのではなく、指導について教員に一定の裁量を認めようとする判決の姿勢には好感が持てる。

また、判決が「実施計画」に言及している点にも目を向ける必要がある。判決は、「実施計画は、当該年度の組み体操の練習開始前に作成され、実際に予定していたとおりの練習ができなかった場合には、次年度に生かすためにその都度修正される性質の文書であると認められるから、実施された本件組体操の練習内容を示す文書として信用性が認められる」とし、その証拠能力を高く評価している。組み体操は言うに及ばず、すべての場面において実施計画の作成とその見直しが危機管理を考える上で重要なポイントであることが改めて確認された形といえよう。その意味において、ＰＤＣＡサイクルはもはや学校現場のすべての場面で欠くことのできない手法である。

【参考裁判例】
「小学校小規模組み体操事故損害賠償請求訴訟」（東京地方裁判所判決平成29年9月29日）

武道（柔道）事故と安全配慮義務
——高等学校校内武道大会——

- 武道は武技・武術から派生したスポーツであり、事故発生の危険性が高い。
- 特に柔道は危険性が高いスポーツである。
- 大会では、観客の歓声が大きく、本人も練習とは異なる心理状態にあることを前提に安全指導を行う必要がある。

中学校の保健体育の授業で、武道・ダンスを含めたすべての領域が必修化したのは、2008年の学習指導要領改訂においてのことであった。その結果、12年4月から全国の中学校で、男女の区別を問わず、武道の授業が行われている。

しかし、武道は、もともと武技、武術などから派生したスポーツであり、事故発生の危険性が高い。文部科学省は、必修化に当たって、この点を考慮して、「初めて武道を学ぶ生徒が多いと想定されますので、授業開始前に、指導体制や指導計画、施設設備等について改めて点検し、安全確保のうえで遺漏なきようお願いします」とする通知文書を発出し、注意喚起を行っている（「新しい学習指導要領の実施に伴う武道の授業の安全かつ円滑な実施について（依頼）」平成24年3月9日23文科ス第918号）。

状況に応じた指導の徹底

特に危険性が高いといわれているのが、柔道である。中高の区別を問わず、部活動を中心に死亡事故あるいは重篤な後遺障害が残る事故が多数発生している。必修化に当たって、この事故リスクが繰り返し問題とされた。その結果、「投げ技はしない」「受け身だけを練習する」といった極端な自己規制を設けている学校まで存在することは周知の事実であろう。

では、事故防止に向けて、指導する教職員にはどのような配慮が求められるのであろうか。近年、この点が争われた例として、「校内武道大会柔道事故損害賠償請求訴訟」を挙げることができる（福岡地方裁判所判決平成29年4月24日）。公立高等学校において学校行事の一環として、授業の成果を披露する武道大会が開催された。その柔道の試合中、生徒が負傷し、重篤な後遺障害が残った事案である。生徒とその両親は、事故の主たる原因は無理に技をかけられたことにあるとし、教員には、柔道の授業の指導、武道大会時の指導、またその運営に過失が存在した等として、損害賠償（もしくは損失補償）の支払いを求める訴訟を提起した。

これに対し判決は、まず柔道の授業には問題がなかったとする。担当教員は、授業の年間指導計画に基づいて、年度当初、柔道がけがや事故の危険をはらんでいることを指導していた。さらに、個別の技を指導する際には、そのたびに無理に技をかけてはいけない旨を指導していたとされる。

他方、負傷した生徒は、中学校時代柔道部に所属しており、試合等を数多く経験していた。判決は、生徒の年齢や柔道の経験を前提とした場合、通常の授業過程では、無理に技をかけることの危険性を理解できる程度に指導していたと判断でき、柔道指導に関する手引きや学習指導要領解説書の内容に照らし、通常の授業過程における安全指導について不適切な点があったとまでは認められないとしている。

だが、大会会場は、「生徒ら観客で埋まり、審判の声が通りにくいほどの歓声が生徒から上がり、周囲が盛り上がる状況」であった。そして、被害生徒は、「柔道の経験者として試合に負けることは格好が悪く、単に勝つのみでなく、綺麗に技を決めて勝ちたいと考えていた」と推測できる。それ故、試合に臨む生徒は、「試合会場の雰囲気、観衆との人間関係などにより、通常の授業における約束練習や乱取りとは大きく異なる心理状況に置かれていた」と考えられる。

大会時における安全指導は、これら特別な環境を前提に行われる必要がある。また、武道大会では、前年度にも骨折等の事故が2件発生していたという。これらの点を考慮し、判決は、「無理に技をかけ、勝ちに拘って危険な行為をするなど、冷静さを欠く試合を展開し、事故が発生する可能性があることを認識し、事前に予見することができた」と判断している。

【関連法令】
文部科学省「中学校学習指導要領」(平成20年3月告示)
文部科学省「新しい学習指導要領の実施に伴う武道の授業の安全かつ円滑な実施について(依頼)」(平成24年3月9日23文科ス第918号)

【参考裁判例】
「校内武道大会柔道事故損害賠償請求訴訟」(福岡地方裁判所判決平成29年4月24日)

第3章

部活動のリスクマネジメント

——事故・体罰——

部活動顧問の「立ち会い義務」

●高等学校部活動の「自主練習」中に起きた熱中症事故に関して、高額な損害賠償が命じられた例がある。
●「事故の発生する危険性を具体的に予見することが可能」と判断された結果である。
●顧問教員等は自主練習の内容に介入する際は、危険性が生じないよう万全の体制を構築する義務を負う。

ここ数年「体罰の温床」と揶揄《やゆ》された部活動が、再び揺れている。高等学校女子テニス部の活動中に発生した熱中症事故に関わって、学校設置者に対して2億3000万円を超える高額な損害賠償を命じる判決が下されたからである（大阪高等裁判所判決平成27年1月22日）。この事故は、顧問教員等が立ち会っていない、いわゆる「自主練習」中に発生したものであった。

本来、部活動は、教員等の指導を受けながら、学校教育の一環として、生徒自らが、自主的、自発的に展開する活動である。学習指導要領は、この点を指して、「生徒の自主的、自発的な参加により行われる部活動については、スポーツや文化、科学等に親しませ、学習意欲の向上や責任感、連帯感の涵養《かん》等、学校教育が目指す資質・能力の育成に資するものであり、学校教育の一環として、教育課程との関連が図られるよう留意すること」と記している（文部科学省「高等学校学習指導要領」総則）。

にもかかわらず、学校現場では、生徒の自主性、自発性が後退し、顧問教員等が常時立ち会い、事細かに指導を行うことを当然とする風潮が強くなっている。しかし、詳細に見てみると、最高裁判所は、教員の一般的な立ち会い義務を認めているわけではないことが分かる。例えば、「課外のクラブ活動が本来生徒の自主性を尊重すべきものであることに鑑みれば、何らかの事故の発生する危険性を具体的に予見することが可能であるような特段の事情のある場合は格別、そうでない限り、顧問の教諭としては、個々の活動に常時立会い、監視指導すべき義務までを負うものではない」とした判決は、その典型と言える（最高裁判所第二小法廷判決昭和58年2月18日）。

生徒の「裁量」が判断基準

今回取り上げた事案においても、原告側は、顧問教員の立ち会い義務違反を主張していた。しかし、判決はこれを明確に退けている。では、なぜ高額な損害賠償が認められたのだろうか。それは、「事故の発生する危険性を具体的に予見することが可能」であったと判断されたからである。

顧問教員に、生徒を指導監督し、事故の発生を防止すべき一般的な注意義務が存在することは疑いない。だが、少なくとも高校生の場合、判決が指摘するように、「生徒の成長の程度からみて、本来的には生徒の自主的活動」ではないのか。そして、顧問教員等が練習を強制するのではなく、部員の自主的な判断に任せられているのならば、学校側の注意義務の程度も軽減されてしかるべきであろう。

だが、今回のケースでは、練習メニューや練習時間等が、顧問教員によって指示され、被害者をはじめ部員は、これに忠実に従い、練習を行っていた。しかも、その内容は、「女子高校生である部員らに対する負荷の程度は相当に重いものであった」。判決はこの点に着目し、顧問教員には、生徒の体調等に配慮し、練習軽減措置等を講じる義務が存在したと判断したのである。

特にキャプテンでもあった被害生徒は、責任感が強く、顧問教員の指示に忠実に従い、無理をしてでも、率先して練習メニューをこなそうとすることは十分想定できた。これに当日の気象状況を勘案すると、事故発生の危険性を具体的に予見できたとする判決の論理は、十分に成立し得る。

この前提に立つならば、顧問教員等は、自主練習の内容等に介入しようとする以上、部員の健康状態に支障を来す具体的な危険性が生じないよう、万全の体制を構築すべき義務を負うことになる。具体的には、通常よりも軽度の練習にとどめたり、休憩時間を十分に設定したり、あるいは水分補給を命じる等の措置が必要になるものと考えられる。また、顧問教員の非立ち会い時の連絡体制を整え、指導することも、実務上は有用と言えるであろう。

【関連法令】
文部科学省「高等学校学習指導要領」第１章総則（平成30年３月告示）

【参考裁判例】
「高校生テニス部熱中症事故訴訟」（大阪高等裁判所判決平成27年１月22日）
「中学生部活動失明事故訴訟」（最高裁判所第二小法廷判決昭和58年２月18日）

柔道事故と監督責任

――中学校部活動――

- 保健体育の授業で武道を実施する際のリスク・コントロールが学校経営の課題となる。
- 教員は活動計画を作成する義務、技術を習得できるよう指導する義務、適切に医療機関を受診させる義務を負う。
- 中学校柔道部事故訴訟では学校設置者に損害賠償が命じられた例がある。

中学校の保健体育の授業において、武道が必修となってから10年近くが経過した（文部科学省「中学校学習指導要領」平成20年3月告示）。武道は、武技、武術などから発生したわが国固有の文化である。また、武道に積極的に取り組むことを通して、武道の伝統的な考え方を理解し、相手を尊重して練習や試合ができるようにすることを重視する運動であり、その教育的意義は大きい（文部科学省「中学校学習指導要領解説　保健体育編」）。

だが、そもそも武道は格闘技としての性格を有しており、その特性上、常に事故のリスクが伴っている。特に、武道が学校教育の一環として実施される場合、そのリスクをどのようにコントロールするのかは、学校経営における重要な課題となる。結局のところ、リスクを重視する立場からは、武道の実施そのものに消極的意見が寄せられる。武道の必修化に当たり、一部に根強い反対論が存在したことは、教育関係者にとって記憶に新しいところであろう。

リスクを考慮した注意義務

では、武道の実施に当たり、学校、教職員にはどのような注意が求められることになるのであろうか。この点が問題となった事案として、「滋賀県公立中学校柔道部事故訴訟」が挙げられる（大津地方裁判所判決平成25年5月14日）。

中学校の課外活動である柔道部に所属する生徒が、練習中に頭部を負傷し、急性硬膜下血腫により死亡した事案である。遺族は、顧問教員や校長に安全配慮義務を怠る過失があったとして、損害賠償を求める訴訟を提起している。課外活動とはいえ、部活動が学校教育活動の一環として行われている以上、その指導者には部活動により生じる恐れのある危険から部員を保護する義務を負うことは当然という論理である。

これに対し判決は、先例（最高裁判所第一小法廷判決平成9年9月4日）に従い、「技能を競い合う格闘技である柔道には、本来的に一定の危険が内在しているから、課外のクラブ活動としての柔道の指導、特に、心身共に未発達な中学校の生徒に対する柔道の指導にあっては、その指導に当たる者は、柔道の試合又は練習によって生ずるおそれのある危険から生徒を保護するために、常に安全面に十分な配慮をし、事故の発生を未然に防止すべき一般的な注意義務を負う」とする。

そして、顧問教員には、（1）発育・発達段階、体力・運動能力、運動経験、既往症、意欲等、生徒の実態に応じた合理的で無理のない活動計画を作成する義務、（2）練習中にけがや事故が生じないように、練習メニューに頸《けい》部の強化トレーニングを盛り込むなどして、生徒が確実に受け身を習得することができるように指導する義務、（3）部員の健康状態を常に監視し、部員の健康状態に異常が生じないように配慮し、部員に何らかの異常を発見した場合には、その状態を確認し、必要に応じて医療機関への受診を指示し、または搬送を手配すべき義務が存在する――と判示している。

この点、亡くなった生徒には、「水分補給を指示されたにもかかわらず水分補給用の水筒があった武道場の中央ではなく壁側に歩いて行こうとするという、通常であれば取らない行動がみられ」たとされる。判決が正当に指摘するように、遅くともこの時点で、顧問教員は、「頭部に損傷が生じた可能性を予見し」、直ちに練習を中止し、「医療機関を受診するなどの指示をすべきであった」と言えるであろう。

なお、判決は、顧問教員に対する損害賠償請求を認めず、学校設置者にのみ損害賠償を命じた。遺族側はこの点を不服として控訴したが、控訴審はこれを退け、国家賠償法の原則に従い、損害賠償義務を負うのは、公務員個人ではなく、学校の設置者であるとした（大阪高等裁判所判決平成26年1月31日）。

【関連法令】

文部科学省「中学校学習指導要領」（平成20年3月告示）

文部科学省「中学校学習指導要領解説　保健体育編」（平成29年7月告示）

国家賠償法1条

【参考裁判例】

「滋賀県公立中学校柔道部事故訴訟」（大津地方裁判所判決平成25年5月14日）

「滋賀県公立中学校柔道部事故訴訟」（大阪高等裁判所判決平成26年1月31日）

「公立中学校柔道部事故訴訟」（最高裁判所第一小法廷判決平成9年9月4日）

試合中のラフプレーと事故責任

●部活動は各学校が行う教育活動の一環である。
●試合中のラフプレーは事故が発生する可能性を増加させる。
●競技の種類ごとにプレーの限界を見極めなくてはならない。

中学校や高等学校の体育会系部活動は、あくまでも各学校が行う教育活動の一環である。従って、勝利を最優先に考えるプロ競技とは一線を画し、それぞれの校種に応じた教育目標との関連性を重視した指導が行われるべきとされる。学習指導要領は、この点を指して、「スポーツや文化、科学等に親しませ、学習意欲の向上や責任感、連帯感の涵《かん》養等、学校教育が目指す資質・能力の育成に資するものであり、学校教育の一環として、教育課程との関連が図られるよう留意すること」と記している（文部科学省「高等学校学習指導要領」総則）。

競技に内在する危険性

だが周知のように、体育会系の部活動の中には、いわゆる勝利至上主義的傾向が強く表れることが少なくない。試合等で見掛けるラフプレーの横行はその延長線上に位置している。勝利のためにルールの限界を突こうとするプレーである。

当然のことながら、ラフプレーの横行は、試合中に事故が発生する可能性を増加させる。特に、肉体的接触、衝突を前提とするラグビーやアメリカンフットボール、サッカー、格技等は、その傾向がより強い。そして、一度、事故が発生した場合、被害を受けた選手やその保護者は、事故を招いたラフプレーを非難する。その矛先は、ラフプレーを強行した選手のみならず、部活動の指導者、ひいては試合の審判等にも及ぶことになる。

「公立高等学校ホッケー選手権大会負傷事故損害賠償請求訴訟」は、その典型と言える（山口地方裁判所判決平成11年8月24日）。大会に参加した県立高等学校の選手が、試合において、他校の選手がボールを打撃した際、そのスティックが右こめかみを直撃し、重度の後遺障害を負った事案である。損害賠償を求める訴訟において、所属校の顧問教員らの過失に加えて、相手高等学校顧問のラフプレーをやめるよう指導する義務、試合における反則やラフプレーを制止する審判の義務等が、争点となっている。

判決は、「一般に、直接の契約関係にない当事者間においても、当事者の一方が事実上他方を自己の支配管理下におき、両者の間に指導監督関係ないしそれに準ずる特別な社会的接触関係がある場合」は、「当事者の一方は他方に対し安全配慮義務を負う場合がある」とした。しかし、単なる対戦相手にすぎない相手校の顧問教員は、対戦相手の選手との間にそのような関係の成立を認めることができず、「安全配慮義務の存在を肯定すべき前提を欠く」としている。この判断を前提にすると、相手校の顧問には、ラフプレーをやめるよう指導する法的義務までは存在しないことになる。

では、審判についてはどうであろうか。この試合において、相手校の選手が、斜め後ろからタックルした際、スティックで右太ももをたたくなどの反則行為があったと思われるにもかかわらず、審判は「これに対し、教育的配慮から口頭による注意・警告をなすにとどめた」とされている。だが判決は、審判が一定の技能を有していたことを前提とした上で、「試合中の反則行為に対していかなる裁定をするかは審判員の裁量に属する」とし、この判断をもって裁量を逸脱したものとまでは認めることができないと判示している。

ただ、ここで注意を必要とするのは、判決が、ホッケーという競技は「本質的にある程度の危険性を内在する」という前提に立っている点である。例えば、危険を伴うタックル練習に関しても、「仮に、かかる指導を受ける側の生徒らがある程度の危険意識をもったとしても、その指導方法はルールを無視した法外なものでない限り」、技量を向上させる過程で不可避的なものとしている。

判決の論理は、少なくとも危険を内在する競技にあっては、ルールの無視は論外として、ルールの限界を問うプレーや、指導がある程度容認されるべきとする考え方に帰着する。そうすると、後は、競技の種類ごとにその限界を見極めることになるものと思われる。

【関連法令】
文部科学省「中学校学習指導要領」第1章総則（平成29年3月告示）
文部科学省「高等学校学習指導要領」第1章総則（平成30年3月告示）

【参考裁判例】
「公立高等学校ホッケー選手権大会負傷事故損害賠償請求訴訟」（山口地方裁判所判決平成11年8月24日）

「部活動」大会出場時の事故責任

●夏から秋にかけて多くの運動部活動の大会がある。
●運動部活動の大会出場時に事故が発生した場合の責任は誰が負うのか。
●顧問教員には、競技の危険性を認識し、部員を保護監督すべき安全配慮義務がある。

夏から秋にかけて、多くの競技で大会が開催される。運動部で活動する中高生にとって、日ごろの練習成果が試されるときである。特に秋の大会は、それまで中心選手として活動してきた3年生が引退し、世代交代が進む時期である。レギュラーに選ばれた2年生は張り切り、4月に入学した1年生は新人戦に挑む。

だが、メンバー構成や部の雰囲気、一人ひとりの選手の力量が大きく変わるこの頃、事故発生の危険性も高まっていく。今までの安全管理が機能せず、新しいチームに応じた別のやり方が求められる。しかし、大会の主催者や顧問教員が、この状況にうまく対応できない場面に出くわすことがある。大会運営、部活動指導の落とし穴である。
では、大会出場時に事故が発生した場合、その責任は誰が負うべきなのだろうか。

顧問教員の安全配慮義務

「公立高等学校ボート新人大会転覆事故損害賠償請求訴訟」では、まさにこの点が争点となった（札幌高等裁判所判決平成19年2月23日）。ボート部に所属する1年生部員が、秋の新人戦当日、会場で練習中に強風にあおられて転覆し、溺死した事案である。遺族は、引率に当たった顧問教員、新人戦の競漕委員長（北海道立高等学校の教員）等に安全配慮義務違反があったとして、国家賠償法に基づき、損害賠償の支払いを求める訴訟を提起している。

訴訟において、顧問教員側は、引率教員には大会に参加中の生徒を実効的に支配するすべがなく、安全配慮義務が免除されるか、少なくとも相当程度に軽減されると考えるべきとの主張を展開した。大会の運営に関する権能はすべて主催者に帰属しており、主催者が、大会の進行を全面的に取り仕切っているという論理である。

しかし、判決はこの論理を否定した。学校の課外活動として実施されるクラブ活動は、「教育活動の一環として行われるもの」であり、指導者である顧問の教員が、「課外クラブ活動により生じるおそれのある危険から部員（生徒）を保護すべき義務を負うのは当然である」という考え方である。

その上で判決は、ボート競技の危険性に着目する。すなわち「ボート競技は、自然水面上で行われるスポーツであり、地上におけるスポーツ、特に球技や屋内競技等に比して、気象等の自然条件の影響により事故が発生する可能性が高」い。また、「事故が発生した場合の救助活動にも制約があり、直ちに生命や身体の危険につながるおそれ」がある。それ故に、顧問教員は、「その危険性を十分に認識し、部員をその活動に参加させる際には、部員の技能、経験を考慮した上で、競技場の気象状況等に注意し、部員の身体、生命に不測の事態が生じないよう安全に配慮し、部員を保護監督すべき安全配慮義務を負う」と考えるべきだとしている。

この論理は、大会参加中といえども変わらない。判決は、ボートのように自然を相手にする競技においては、「大会自体への参加のみならず、参加者の技量によっては、天候等の状態を考慮して、当該参加者に競技等に出場することを断念させる必要が生じること」もあり得るとする。そして、顧問教員にとって、そのような決定を下すこと、ひいては、そのために天候等の状況や参加者等の動向を把握しておくことも、学校教育の一環である課外クラブの活動として大会参加において負うべき安全配慮義務に含まれるとした。

大会の運営に異論を挟むことは、顧問教員にとって確かに困難なことである。しかし、部活動の目的は、大会に参加することにあるのではなく、活動を通して、体力の向上、他者を尊重し、他者と協同する精神や規律を尊ぶ心を培うこと等にある。だとするならば、そのプロセスを直接指導する立場にある顧問教員は、部員の安全に関して徹底した責任を負うべきではないだろうか。

【参考裁判例】
「公立高等学校ボート新人大会転覆事故損害賠償訴訟請求」（札幌高等裁判所判決平成19年2月23日）

「部活動指導と体罰」再考

- 「大阪市立桜宮高等学校体罰自殺事件」は学校設置者に対する民事事件、顧問教員に対する刑事事件の判決が下っている。
- 判決は体罰を「効果的で許される指導方法であると妄信」する顧問教員の「刑事責任は軽視できない」と断じた。
- 顧問教員、外部指導者も含め、部活動指導の関係者全員は自らの経験を相対化し、自省する必要がある。

「大阪市立桜宮高等学校体罰自殺事件」が起きたのは、2012年12月のことである。それから6年近くの歳月が流れた。この間、事件をめぐって重要な判決が二つ下されている。一つは学校設置者に対する民事訴訟、もう一つは顧問教員に対する刑事訴訟である。

16年2月、東京地方裁判所は、民事事件に関わって、学校側の責任を認め、学校の設置者である大阪市に対して約７５００万円の支払いを命じる判決を下した（東京地方裁判所判決平成28年2月24日）。顧問教員の体罰と自殺の間に因果関係を認める内容である。

他方、顧問教員が傷害罪で起訴された刑事事件については、既に13年9月、懲役1年、執行猶予3年の有罪判決が下されている（大阪地方裁判所判決平成25年9月26日）。

判決は、顧問教員が「部活動の指導に際し、平手で顔面や頭部を強く殴打する暴行（いわゆるビンタ）を繰り返し加え、傷害を負わせるなどした事件である」とし、「被害者は、肉体的な苦痛に加え、相当な精神的な苦痛を被っており、これは被害者の自殺や被害者作成の書面からも明らか」とする。そして、「被害者は、罰を受けるようなことは何らしておらず、要するに被告人が満足するプレーをしなかったという理由で暴行を加えられたのであって、このような暴行は、被害者が書き残したように理不尽というほかない」として、顧問教員の行動を弾劾している。

学校現場が注目する必要があるのは、判決が、自省の機会が存在したにもかかわらず、顧問教員がその機会を放棄したとしている点である。すなわち、「同僚の教師が体罰等で懲戒処分を受けたり、自己の体罰ないし暴力的指導について父母から苦情を受けたりするなど、自己の指導方法を顧みる機会があったにもかかわらず、効果的で許される指導方法であると妄信して、体罰ないし暴力的指導を続けてきた」とし、これをもって顧問教員の「刑事責任は軽視できない」と断じている。

体罰を「効果的で許される指導方法であると妄信」する姿勢は、今もなお部活動の場に少なからず存在する。その背景には、指導に当たる顧問教員や外部指導者の「成功体験」と呼ぶべき思考、考え方が存在している。自らが選手として経験した体罰と、その後の活動で得られた感動を直結し、体罰があってこそ感動を呼ぶ体験が可能となったのであり、現在の自分という人間が形成されたと考える。そして、「同じ体験を選手に味わわせてやりたい」と願う。ここに「妄信」という落とし穴が待っている。

経験を相対化する必要性

この成功体験に基づく妄信を回避するためには、顧問教員、外部指導者の区別を問わず、部活動指導に携わるすべての者が、自らの経験を相対化する必要性がある。自分と生徒は全く別の人格であり、違った成育環境の下で育ってきた。この差異を前提にした「個に応じた指導」が必要とされている。既に教室では当たり前になっているこの考え方を、部活動指導の場で改めて共有していく作業が切実に求められていると言えよう。

確かに一部の指導者は、これまで体罰に走りながらも多くの実績を上げてきたかもしれない。また、部活動に、「生徒各人がそれぞれ自己の限界に挑むという汗まみれの努力を通して、より深い人間的つながりを形成しながら、それを基盤として助け合い、励まし合う中で、生徒が自己の限界に厳しく」取り組むという側面があることも事実である（岐阜地方裁判所判決平成5年9月6日）。しかし、体罰は学校教育法によって明確に禁止されている（11条）。このコンプライアンス（法令遵守）上の視点のみならず、生徒の個性、人格、そして権利を踏みにじるものであることを見落としてはならないはずである。

【関連法令】
学校教育法11条

【参考裁判例】
「大阪市立桜宮高等学校体罰自殺事件損害賠償請求訴訟」（東京地方裁判所判決平成28年2月24日）
「同刑事事件」（大阪地方裁判所判決平成25年9月26日）
「公立高等学校陸上部体罰自殺損害賠償請求訴訟」（岐阜地方裁判所判決平成5年9月6日）

「体罰」容認の承諾書

- 中学校野球部の顧問教員が「体罰承諾書」を生徒から集めていた前代未聞の事件があった。
- 全国大会に出場する「強豪校」を作り上げた教員に対し、服務監督権者、管理職等は甘い対応を取ってこなかったか。
- 任命権者、服務監督権者は批判に耐え得る判断を下し、説明責任を果たさなくてはならない。

２０１５年３月、和歌山県下の公立中学校で物議を醸す事件が起きた。野球部の顧問を務める教員が、体罰を容認する旨の承諾書を部員から集めていたことが発覚したのである。野球部のルールを守れなかった場合、制裁を甘受するという内容であったという。この顧問教員は、常習的な体罰を理由として停職１カ月の懲戒処分を受けることになった。だが、前代未聞の「体罰承諾書」問題は、そう簡単には収まりそうもない。

越えられぬ学校教育法の「壁」

では、体罰等の暴行行為を容認する承諾書に効力は認められるのだろうか。真っ先に浮かぶのは、「手術」の際に求められる同意書である。外科手術は他人の身体を傷つけるという意味において、行為の外形上、刑法が禁止する傷害（204条）と何ら変わるところはない。しかし、通常の判断能力を有している者が、十分な説明を受けた上で、真摯《しんし》に承諾を行った場合、正当行為として違法性が阻却されるとするのが、一般的な考え方である。

ただ、この考え方を直ちに体罰の承諾に用いることは妥当ではない。まず、児童生徒には「通常の判断能力」が備わっているとは言い難い。刑法は「十四歳に満たない者の行為は、罰しない」（41条）とし、民法は「未成年者が法律行為をするには、その法定代理人の同意を得なければならない」と規定している（5条1項）。日本の法制度が、未成年者の判断能力について極めて懐疑的であることが分かる。

次の手として、仮に保護者の承諾書を準備したとしても、事態に何ら変わることはない。医療現場における手術とは異なり、そもそも現在の教育法制が、学校現場における体罰を一切容認していないからである。周知のように、学校教育法は、「校長及び教員は、教育上必要があると認めるときは、文部科学大臣の定めるところにより、児童、生徒及び学生に懲戒を加えることができる」としながらも、そのただし書きにおいて、体罰の禁止を明文でうたっている（11条）。仮に保護者の真摯な承諾があったとしても、この学校教育法の「壁」を簡単に越えることは許されないはずである。

この点について、「基本的人権尊重を基調とし暴力を否定する日本国憲法の趣旨及び右趣旨に則り刑法暴行罪の規定を特に改めて刑を加重すると共にこれを非親告罪として被害者の私的処分に任さないものとしたことなどに鑑みるときは、殴打のような暴行行為は、たとえ教育上必要があるとする懲戒行為としてでも、その理由によつて犯罪の成立上違法性を阻却せしめるというような法意であるとは、とうてい解されない」とした先例がある（大阪高等裁判所判決昭和30年5月16日）。暴行罪が、被害者等の告訴を必要とせず、公訴の提起が可能である点を強調する判決の姿勢は、この「壁」と相通じるものがある。

なお、冒頭の顧問教員は、これまでも繰り返し体罰が発覚し、何度も厳重注意等を受けていたとされる。学校関係者が注意を向けるべきは、なぜ、繰り返される体罰に対して、地方公務員法が規定する懲戒処分（29条）ではなく、厳重注意等、服務監督権者が行う「事実上の行為」にとどめてきたのかという点である。
マスメディアによれば、問題の起きた野球部は、全国大会に出場する強豪校であったそうである。顧問教員は、全国大会に出場できるチームをつくる指導者として定評があり、その点を考慮し、ついつい「甘め」の措置で済ませてきたのではないのか。後からこういったうがった見方をされないためにも、任命権者、服務監督権者は、批判に耐え得る判断を下し、その都度、きちんと説明責任を果たしていかなければならない。もし、初回に厳格な処分が下されていたならば、「体罰」容認の承諾書を書かせるといった非常識な事態は起きていなかったのではないだろうか。

【関連法令】
刑法41条（責任年齢）、２０４条（傷害罪）
民法５条１項（未成年者の法律行為）
学校教育法11条
地方公務員法29条
【参考裁判例】
「公立学校教員体罰事件（刑事事件）」（大阪高等裁判所判決昭和30年5月16日）

後を絶たない「激高型」体罰

●教員が「ついカーッとなって」行う体罰が後を絶たない。
●教員の養成や研修において「感情のコントロール」について学ぶ機会が十分に設けられていない。
●怒りを鎮める「アンガーマネジメント」を学ぶ必要がある。

「大阪市立桜宮高等学校体罰自殺事件」を契機として巻き起こった体罰批判の声。全国の学校で体罰駆逐に向けた取り組みが続けられている。文部科学省の調査によれば、2016年度に体罰を理由に懲戒処分等を受けた教職員は、654人（懲戒処分162人、訓告等492人）。前年度の721人（懲戒処分174人、訓告等547人）と比較して減少傾向にある（「平成28年度公立学校教職員の人事行政状況調査について」）。

だが、ここで問題とすべきは、今も600人を超える教職員が体罰を理由として処分等を受けているという事実である。特に、教員が「ついカーッとなって」行う体罰、いわゆる「激高型」体罰は後を絶たない。愛知県下の公立高等学校の講師が行ったとされる体罰、定期試験で採点ミスを指摘した生徒を怒りに任せて殴るといった体罰は、その典型と言える（読売新聞16年4月21日）。

この種の「激高型」体罰をめぐっては、既に司法の場で強い非難を受けている。「唾吐き体罰損害賠償請求訴訟」もその一つである（那覇地方裁判所判決平成13年9月5日）。沖縄県下の公立高等学校において、教員が、指定されたクラスとは異なるクラスに出席していた生徒を発見したことに端を発したケースである。とがめられた生徒は、教室を出て行く際、出入り口で唾を吐いた。教員は、これを侮辱と受け止め、激高し、持っていた画用紙で生徒をたたき、後頭部を両手でつかみ、頭突きをした。その結果、生徒が鼻骨骨折等の傷害を負うことになった。

損害賠償を求める訴訟において、学校側は、教員に傷害に至るような暴行を加える意思はなく、軽く頭突きを行おうとしたのみであると主張している。教員が主観的意思として生徒にけがを負わせる気持ちは毛頭なかったという論理である。

しかし、判決は学校側の主張を退けた。教員は体罰を加え、傷害を負わせたのであり、故意による不法行為が成立することは明らかとしている。判決が正当に指摘する通り、このケースの体罰は、その態様も、傷害を惹起する危険性の大きいものであり、現に全治2週間の鼻骨骨折、鼻出血の傷害が生じ、しかも斜鼻という後遺症が生じている。その結果も重大であり、生徒の行為は指導の対象とされてしかるべきものだが、これをもって教員の行為を正当化することは許されるはずがない。

文部科学省は「教育委員会は、体罰の防止に向け、研修の実施や教員等向けの指導資料の作成など、教員等が体罰に関する正しい認識を持つよう取り組むことが必要である」としている（「体罰の禁止及び児童生徒理解に基づく指導の徹底について（通知）」平成25年3月13日24文科初第1269号）。

教員の「アンガーマネジメント」

だが、「激高型」体罰に走る教員に対しては、「体罰は学校教育法11条で禁止されている」といった通常の研修のみでは有効とは言い切れない。教員が「ついカーッとなった」とき、その「怒り」を静めるすべである「アンガーマネジメント（Anger Management）」を学ぶ必要があるのではないだろうか。

アンガーマネジメントは、一般に、衝動的に発生する怒りや感情をコントロールすること、あるいはそのすべを身に付けるトレーニングを指す。より簡潔に言うならば、自らの感情への対処と言ってよい。

しかし、教員には、教員免許の取得や教壇に立つに当たって、感情のコントロールについて体系的に学ぶ機会が十分に設けられていない。教育実践が、対人関係、関係性の中で成立する営みである以上、これは背理というほかない。そう考えると、体罰問題の背後には教員養成システムにおけるカリキュラムの欠缺《けんけつ》があると言えなくもない。

【関連法令】
文部科学省「体罰の禁止及び児童生徒理解に基づく指導の徹底について（通知）」（平成25年3月13日24文科初第1269号）
【参考裁判例】
「唾吐き体罰損害賠償請求訴訟」（那覇地方裁判所判決平成13年9月5日）
【関連資料】
文部科学省「『平成28年度公立学校教職員の人事行政状況調査について』」

今なお続く「体罰」被害

●学校現場では、体罰の駆逐に向けた研修等が続けられている。
●「間接暴行」という概念が、一般化しつつある。
●教員は、指導場所の特質、時間の長短、間接暴行に該当するかといった点を十分に考慮することが求められている。

大阪市立桜宮高等学校でバスケットボール部のキャプテンが体罰を苦にして自殺したのは、２０１２年12月のことであった。それから5年余り、学校現場では体罰の駆逐に向けた研修等の取り組みが地道に続けられている。文部科学省の「平成28年度公立学校教職員の人事行政状況調査について」によれば、２０１６年度中に体罰を理由として懲戒処分等を受けた教職員は６５４人、そのうち懲戒処分を受けた者が１６２人、訓告等が４９２人であった。処分を受ける教職員は、この間、着実に減少しており、問題はまだあるものの、教職員の体罰に対する意識が変化していることを見て取ることができる。

「間接暴行」の成立に注意

だが、気になる数字も存在している。体罰を受けた児童生徒の数である。同調査によれば、1140人が被害を受けている。被害者が1140人、加害者が654人、1人でほぼ2人に体罰を行わないと懲戒処分等には至らないという計算になる。この中には1人で多くの児童生徒に体罰を加えた教職員が含まれているとはいえ、被害者の立場からすると「まだまだ体罰に対する認識、処分が甘い」と捉えられる可能性が高い。

体罰等の範囲は確実に広がっている。殴る、蹴るといった典型的な体罰に加えて、いわゆる罰走等の「しごき」も程度によっては体罰等に該当すると考えられるようになってきた。スポーツ庁は、「特定の生徒に対して独善的に執拗《よう》かつ過度に肉体的、精神的負荷を与える」行為を許されない指導としている（「運動部活動の在り方に関する総合的なガイドライン」平成30年3月）。過度の「しごき」はその典型であろう。

また、「間接暴行」という概念が徐々にではあるが、一般化しつつあることもその一つと言える。相手を殴ったり、蹴ったりする「直接暴行」に対して、足元や壁など相手の間近に物を投げ付ける等、有形力の行使が直接的には相手に向けられたものではないが、相手に対して強い物理的影響を与える可能性のある行為を指す。

間接暴行に言及した例としては、「バレーボール部日常的体罰不登校訴訟」がある（盛岡地方裁判所判決平成29年11月10日）。岩手県内の公立高等学校の元生徒が、男子バレーボール部に在籍していた当時、顧問教員が部活動指導の中で日常的に暴力を振るい、暴言を吐く等の行為を繰り返しており、自らもその対象となり、その結果、ＰＴＳＤ（心的外傷後ストレス障害）等の精神障害に陥り、不登校を余儀なくされたなどとして、損害賠償等の支払いを求める訴訟を提起した事案である。

判決は、元生徒が日常的に体罰等を受けていたという主張を認めなかった。しかし、体罰等に該当する行為は存在したとして、学校設置者に対して20万円の損害賠償の支払いを命じている。その中で、「体育教官室という閉鎖された室内において、1対1で、少なくとも約1時間にわたって、一方的かつ威圧的に厳しく叱責し、鍵を壁に投げつけたり、机を強打したりするという、間接的な暴行とも評価し得る行為にも及んでいるのであって、到底妥当性を見出し難い」とした点は注目に値する。

判決の考え方を前提にするならば、指導に当たって教員は、指導場所の特質、時間の長短、間接暴行に該当するかといった点を十分に考慮することが求められる。体罰等に関する社会的反発が強くなっている今日、特に留意する必要があろう。

なお、判決は、顧問教員が複数の部員に平手打ちをした行為について、「集中力を高めるために相手を選んで行ったものだとしても、指導の手段として社会的相当性を欠くといわざるを得ない」とする。判決によれば、これらの部員は「行為に対する被害感情を有していない」とされる。被害感情の有無にかかわらず、体罰等の存在が客観的に認定されている点がポイントと言える。

【参考裁判例】
「バレーボール部日常的体罰不登校訴訟」（盛岡地方裁判所判決平成29年11月10日）

【関連資料】
文部科学省「平成28年度公立学校教職員の人事行政状況調査について」
スポーツ庁「運動部活動の在り方に関する総合的なガイドライン」（平成30年３月）

第4章

いじめ問題のリスクマネジメント

いじめの「峻別《しゅんべつ》」と学校の指導責任

●いじめ防止対策推進法が制定されて以降、学校に対する保護者の要望がエスカレートしている。
●判決は、教育上のいじめ問題と学校が法的責任を追及される可能性のあるいじめ問題、法的問題としてのいじめを「峻別《しゅんべつ》」している。
●教員には、成長の過程で誰もが遭遇する通過儀礼的なトラブルと、法的責任が生じるいじめを「峻別《しゅんべつ》」する力が求められている。

いじめ防止対策推進法（平成25年9月施行）が制定されて以降、保護者の学校に対する要望がエスカレートしている。小学校では一般的な小さなけんかや衝突まで、「うちの子どもがいじめられている」という訴えが頻繁に届くという。「社会性を身に付ける機会だから」と、いくら説明しても納得しない。とにかく厳しい指導をという主張を繰り返す。

この状況を前にし、半ば諦め気味の教員がいる。

保護者への連絡は密に

いじめ防止対策推進法2条1項は、いじめを「児童等に対して、当該児童等が在籍する学校に在籍している等当該児童等と一定の人的関係にある他の児童等が行う心理的又は物理的な影響を与える行為（インターネットを通じて行われるものを含む。）であって、当該行為の対象となった児童等が心身の苦痛を感じているもの」と定義している。この定義に従えば、小さなけんかや衝突であったとしても、確かに「いじめ」に該当する可能性がある。だが、果たしてそれでよいのか。疑問を感じる教員も少なくない。

この点、裁判所は、教育上のいじめ問題と学校が法的責任を追及される可能性のあるいじめ問題、法的問題としてのいじめを「峻別《しゅんべつ》」しようとしている。言動が他の児童生徒にとって不愉快なものであったとしても、この点だけをもって、直ちに違法なものとして不法行為を構成するとは断定できないとする手法である。

例えば、「石川県公立小学校いじめ損害賠償請求訴訟」では、この考え方に沿って判決が下されている（金沢地方裁判所判決平成30年2月26日）。

判決は、「小学校は、未だ心身ともに発達の途上にある児童らが、他の児童との集団活動を通じてその人格を形成陶冶し、社会性を涵養する場でもあり、その過程においては、他の児童との衝突や疎外その他の不適切な社会的接触により不愉快な経験をする児童が生じることも当然に想定される」とする。その上で、「このような不愉快な思いをしたこと自体から直ちにそれを惹起した行為を逐一不法行為として損害賠償請求権が発生するとすることは、上記のような集団活動を通じた人格の形成陶冶の場としての小学校の意義にそぐわない」としている。

判決は、授業等の教育課程だけではなく、トラブルも含め学校生活全体を「教育の機会」と捉えようとするものである。この姿勢は、教育の専門家である教員の考え方と親和性を有している。その意味において、まず教員に求められるのは、成長の過程で誰もが遭遇する通過儀礼的なトラブルと法的責任が生じるいじめを「峻別」する能力を身に付けることと言ってよいだろう。

ただ、小さなトラブルとはいえ、いじめ防止対策推進法の定義に該当する場合、言い換えるなら、教育課題としてのいじめに該当する場合は、学校、教員は、当然、その解消に向けた指導を行う必要がある（23条3項）。この場合、文部科学相が定めた「いじめの防止等のための基本的な方針」によれば、必ずしも「いじめ」という言葉を使用して指導を行わなくともよいとされている。

もう一つ重要な点は、当事者である児童生徒の保護者と連絡を密にすることである。「いじめを受けた児童等の保護者といじめを行った児童等の保護者との間で争いが起きることのないよう、いじめの事案に係る情報をこれらの保護者と共有するための措置その他の必要な措置を講ずる」ことである（23条5項）。

その際、学校現場としては、先の判決が、「当該児童間における民事上の関係において不法行為を構成するか否かにかかわらず、事実関係の確認や児童への指導や保護者への報告等を通じ」、子どもに「悪影響や生命又は身体への危険が生じることのないよう適切な措置を講じる」べきとしている点に留意する必要があろう。

【関連法令】
いじめ防止対策推進法2条1項、同法23条3項、同法23条5項
「いじめの防止等のための基本的な方針」（平成25年10月11日文部科学大臣決定―平成29年3月最終改定）

【参考裁判例】
「公立小学校いじめ損害賠償請求訴訟」（金沢地方裁判所判決平成30年2月26日）

いじめ問題と保護者

●保護者は子どもの教育について最も重要な責任がある。
●いじめ防止対策推進法は、保護者に対して子どもがいじめを行うことがないよう指導することに努めるよう求めている。
●学校は保護者に子どもの様子を伝えることが重要である。

いじめ防止対策推進法の施行（平成25年9月）を受けて、いじめに対する保護者の指導義務が議論になっている。同法は、保護者が「子の教育について第一義的責任を有する」とした上で、「保護する児童等がいじめを行うことのないよう、当該児童等に対し、規範意識を養うための指導その他の必要な指導を行うよう努める」ことを求めている（9条1項）。同時に、保護者は、「国、地方公共団体、学校の設置者及びその設置する学校が講ずるいじめの防止等のための措置に協力するよう努める」ものとされ、いじめ撲滅に向けた学校等の行動に協力することが明記された（9条3項）。

問われる指導責任

　では、いじめ被害が生じた場合、加害児童生徒の保護者は、法的に見てどのような責任を負うのだろうか。民法上、未成年者は、「自己の行為の責任を弁識するに足りる知能を備えていなかったときは」、賠償責任を負わないとされている（「責任能力」、712条）。この場合、原則として、保護者等、「その責任無能力者を監督する法定の義務を負う者」が、未成年者に代わって、損害賠償責任を負うことになる（714条1項）。

　ただ、一口に未成年者と言っても、幼児から20歳前の青年に至るまで、その発達段階は多様である。それ故、どの時点で、「自己の行為の責任を弁識するに足りる知能」を有するに至ったと考えるべきかが、まず問題となる。先例は、小学校低学年、中学年段階ではほぼこれを否定し、中学校3年生段階ではほぼすべて肯定している。従って、小学校高学年から中学校低学年にかけての段階が、その境界になるものと考えてよいであろう。

　ここで、未成年者が責任能力を有していると判断された場合、損害賠償責任は保護者ではなく、本人が負うとするのが「建前」である。だが、周知のように、未成年者は、ほとんどの場合、単独で賠償責任を果たすだけの資産等を保有していない。事実上、未成年者の損害賠償責任は、画餅に帰することになる。そこで、先例は、未成年者が責任能力を有する場合であっても、監督義務者の義務違反と未成年者の不法行為によって生じた結果との間に相当因果関係が認められる場合、監督義務者独自の責任として、民法709条に基づく不法行為の成立を認めるとする立場を採っている（最高裁判所第二小法廷判決昭和49年3月22日）。

例えば、日ごろから粗暴な行為を繰り返していた男子中学生が、部活動の練習後、他の部員に暴行を加え負傷させた事案において、生徒に責任能力は認められるものの、保護者独自の義務として、「日頃の動静を注意深く見守り」、また、「普段の生活状況について十分に話をし、同級生に対して手を出すことがないように厳重に注意するなど適切に指導監督を行うべき義務」を認定した先例が存在する（「柔道部いじめ訴訟」神戸地方裁判所判決平成21年10月27日）。加害生徒が13歳の中学1年生で、自己抑制力の発達がいまだ十分でないこと、同級生とけんかをしたり、暴力を振るったりするなどして、負傷させる危険性を、日ごろの行動から十分に認識できたこと等に着目した判断である。

いじめが、学校の管理下で行われた場合、保護者が子どもの行動を直接コントロールすることは、事実上不可能に近い。だが、子どもの日ごろの言動を認識している場合、保護者は、学校の内外を問わず、いじめ等の行為をしないよう指導する義務を負い、その義務の履行を怠った場合、損害賠償責任が発生する。その前提として、学校側による動向報告、すなわち、子どもの学校での様子を保護者に伝えることが、極めて重要となる。それ故に、保護者の指導義務を実質化するという意味において、いじめ防止対策推進法８条が規定する「保護者、地域住民、児童相談所その他の関係者との連携」は、この観点を含むものとして捉えるべきであろう。

【関連法令】
いじめ防止対策推進法８条、同法９条１項、同法９条３項
民法７０９条（不法行為による損害賠償）、同法７１２条（責任能力）、同法７１４条１項（責任無能力者の監督義務者等の責任）
【参考裁判例】
「未成年者の行為に対する慰謝料請求訴訟」（最高裁判所第二小法廷判決昭和49年３月22日）
「柔道部いじめ訴訟」（神戸地方裁判所判決平成21年10月27日）

生徒の事情聴取と損害賠償

- 学校は、事実関係を明らかにするため、いじめに関係する児童生徒に事情聴取をしなくてはならない。
- 事情聴取は被害者、加害者双方から行う必要がある。
- 生徒指導上の必要性と児童生徒の権利・利益の双方に配慮しなくてはならない。

2013年9月から施行されたいじめ防止対策推進法は、学校に対し、「在籍する児童等がいじめを受けていると思われるときは、速やかに、当該児童等に係るいじめの事実の有無の確認を行うための措置を講ずる」ことを求めている（23条2項）。そこで必須になるのが、関係する児童生徒への事情聴取である。被害を受けた児童生徒はもとより、当然、加害者側からの聴取も不可欠と言える。

求められる発達段階に対する配慮

一連の事情聴取は、いじめ問題に限ってのことではない。生徒指導一般に関して、日常的に見られる光景である。だが、事情聴取は、進め方いかんによって、それを受ける児童生徒に多大な精神的負荷をかけることがある。子どもの権利保護が叫ばれる今日、徹底調査、真相究明を求める声に応えつつ、どのようにして児童生徒の負荷を減らすか、この点が大きな課題としてクローズアップされることになる。

この点が問題となった教育紛争として、「いじめ加害生徒事情聴取損害賠償請求訴訟」がある（佐賀地方裁判所判決平成25年12月13日）。中学校で生じた女子生徒の上靴が切り取られた事件について、別の女子生徒が、教員から事情聴取を受けることになった。その際の教員の言動により、解離性障害等に罹患《りかん》したと主張し、損害賠償の支払いを求めた事案である。訴訟の中で生徒側は、事情聴取に当たった教員が、自分を犯人であると決め付け、脅迫的な言動を用いて、執拗《しつよう》に、しかも長時間にわたって事情聴取を続けた点に問題があった旨を、強く主張している。

これに対し判決は、まず「教諭は、教育上必要があると認めるときは、問題行動をしたことがうかがわれる生徒から任意で事情聴取をすることができる」とし、一般論としては、生徒指導上の必要性から行う事情聴取が教員に認められるとする。

しかし、この権限は全くの自由裁量という訳ではなく、「事情聴取は、生徒の身体又は精神に対して負担となり得る」ことから、「生徒の心身の健康が損なわれることのないように配慮すべき義務を負っている」とし、一定の限界を設けるべきだとした。そして、事案の性質、生徒が問題行動をしたことがうかがわれる程度、生徒の心身の状態等を勘案し、「社会通念上相当と認められる方法ないし態様及び限度において許容されるものと解すべき」と判示している。

確かに、学校現場は、ともすれば被害者の訴えにのみ耳を傾け、加害者とされる児童生徒の権利保障という点がとかくおろそかになりがちである。その中にあって判決は、生徒指導上の必要性と児童生徒の権利・利益への配慮、両者の適切なバランスを求めていると見ることができよう。

なお、この事案に関しては、生徒が事件に関与したことを否定しているにもかかわらず、生徒を「自分のことしか考えていない酷い人間である旨の批判をしたり」「事件に関与したと認めない限り原告に対する事情聴取を終わらせないことを示唆したりして」、事件への関与を認めさせようとしている点等が問題視されている。その上で、事情聴取は、生徒の言い分に真摯《しんし》に耳を傾けることなく、一貫して生徒の関与を前提としており、しかもその恐怖心をあおるなどしながら行われたものであると認定し、損害賠償の支払いを命じる判決を下している。

事情聴取の対象は、心身の発達がいまだ十分とは言えない中学3年生の女子生徒であった。にもかかわらず、相当、厳しいやり方で事情聴取が行われていることが推測される。この点を重視するならば、判決が正当に指摘しているように、女子中学生にとって、問題となっている事情聴取は、「極めてストレスの強い出来事」であったと評価することができよう。

【関連法令】
いじめ防止対策推進法23条2項
【参考裁判例】
「いじめ加害生徒事情聴取損害賠償請求訴訟」（佐賀地方裁判所判決平成25年12月13日）

いじめ加害者に対する欠席指導

●いじめ問題において、学校が最も頭を悩ませるのは、加害者に対する指導である。
●加害者への指導方針の決定に当たって、「学校いじめ対策組織」が果たした役割を重視した判決が存在する。
●同判決は、厳格な手続きが求められる懲戒処分とは異なる、「事実上の措置」を教育的指導として容認している。

２０１６年度、全国の小中高校、特別支援学校におけるいじめの認知件数は32万３１４３件であり、前年度と比較して9万８０１１件も増加しているという〈文部科学省「平成28年度　児童生徒の問題行動・不登校等生徒指導上の諸課題に関する調査」〈確定値〉〉。

学校がいじめを認知すると、いじめ防止対策推進法が規定するいじめ対策のための校内組織〈学校いじめ対策組織〉が招集され、調査が始まる。加害者、被害者双方の言い分を聞き、周りの子どもから情報を集め、事実関係を確定する。そして、いじめがあったことが確認された場合、事案の状況を勘案し、対応が取られることになる。

進路変更を考えるために命じる余地

いじめ防止対策推進法は、学校に対し、「いじめを受けた児童等又はその保護者に対する支援及びいじめを行った児童等に対する指導又はその保護者に対する助言を継続的に行う」ことを求めている（23条3項）。その際、学校が最も頭を悩ませるのは、加害者に対する指導であろう。本人の成長・発達段階を見極め、その立ち直りを目指す。だが、被害者側の感情も考慮する必要があり、そのさじ加減が難しい。退学、停学といった法的懲戒にするのか、進路変更を勧めたり、別室指導を行ったりするのか。校長や学校いじめ対策組織等、学校側の判断が問われる場面である。

実際、自宅待機等の措置について、その適法性が司法の場で問われた例が存在する。「いじめ加害者欠席指導等国家賠償請求訴訟」はその一つである（大阪地方裁判所判決平成28年9月15日）。

大阪府内の公立高等学校において、性的な嫌がらせが発生し、加害生徒は無期停学処分を受けることになった。加害生徒は、その処分が解除された頃から粗暴な振る舞いがさらにエスカレートしていく。学校側は、「学校いじめ対策組織」を開催し、これをいじめと認定した。その上で、まず指導の継続が困難であると告げ、学校を欠席し、自宅で進路変更を含めて、今後のことを考えるよう指導した。そして、後日、登校は認めたものの、いじめ防止対策推進法23条4項に基づき、別室で指導を受けるように指示した。生徒側は、欠席指導は事実上の停学処分であり、違法である等として、損害賠償の支払いを求めて提訴することになる。

これに対し、判決は、学校側の取った措置は、「学校いじめ対策組織」において示された方針に基づいて行われており、指導の一環として行われたものと言えるとする。また、生徒は可塑性を有する高校生であり、懲戒処分が相当な事案であったとしても、直ちに懲戒処分を選択する必要はなく、転学の可能性を含めた進路変更を検討するため、一定期間、学校を欠席し、自宅で謹慎するよう指導することが不相当であるとは言えないとし、最終的に生徒側の訴えを退けた。

このケースで注意を払うべきことは、判決が指導方針の決定に当たって「学校いじめ対策組織」が果たした役割を重視している点である。周知のように、いじめ防止対策推進法は、いじめに対する組織的対応を重視しており、学校いじめ対策組織をその中核として位置付けている。判決はこの点を後押しするものと評価することができる。

第2に、厳格な手続きが求められる懲戒処分とは異なる、「事実上の措置」を教育的指導として容認した点が挙げられる。訴訟において生徒側が主張しているように、欠席するよう求められた高校生が指導を押し切って登校することは不可能に近い。従って、欠席指導、自宅待機は、事実上、強制力を伴った措置と捉えることができなくはない。にもかかわらず、進路変更を考えるためという限定が付されているとはいえ、判決が学校側に対し柔軟な指導を行う余地を認めた意義は大きいと言える。

【関連法令】
いじめ防止対策推進法23条3項、同法23条4項

【参考裁判例】
「いじめ加害者欠席指導等国家賠償請求訴訟」（大阪地方裁判所判決平成28年9月15日）

【関連資料】
文部科学省「平成28年度　児童生徒の問題行動・不登校等生徒指導上の諸課題に関する調査」〈確定値〉

いじめ重大事態の認定

●いじめ防止対策推進法の制定後も、いじめに起因する自殺や不登校等の「重大事態」が相次いで発生している。
●学校は「重大事態」の認定のハードルを下げて調査に当たるという姿勢に徹するべきである。
●日常的な教育実践を守りつつ、適切な調査を行うには、学校に絶妙なバランス感覚が求められる。

2013年のいじめ防止対策推進法の制定から5年余りが経過した。残念ながら、法律の制定後も、いわゆる「重大事態」が相次いで発生している。その都度巻き起こるのが、学校現場に対する批判の嵐である。

確かに、いじめ防止対策推進法の理解に著しく欠ける例も存在する。だが、多くの学校においては、教職員が一丸となっていじめの駆逐に努力している。何ともやるせない気分に陥る学校関係者は、さぞ多いことであろう。

ハードルを下げ、感覚を磨く

では、重大事態に的確に対応するために学校現場には何が求められるのか。
それは重大事態の認定に関するハードルを下げ、調査に当たるという姿勢に徹することであろう。当たり前のことのように思えるが、横浜市の原発避難いじめ、茨城県取手市のいじめ自殺のように、教育委員会や学校が重大事態の認定を誤り、大きな問題となった例が散見される。いずれもいじめに関する感度の低さ、いじめ防止対策推進法に対する理解不足に起因する問題と言える。

周知のように、いじめ防止対策推進法は、「いじめにより当該学校に在籍する児童等の生命、心身又は財産に重大な被害が生じた疑いがあると認めるとき」「いじめにより当該学校に在籍する児童等が相当の期間学校を欠席することを余儀なくされている疑いがあると認めるとき」を重大事態として規定している（28条1項1号、2号）。対象となるのは、あくまでも「疑い」の段階であり、これらの存在が確定した段階ではない。

国の「いじめの防止等のための基本的な方針」（平成25年10月11日文部科学大臣決定―平成29年3月最終改定）は、前者については、児童生徒が自殺を企図した場合、身体に重大な傷害を負った場合、金品等に重大な被害を被った場合、精神性の疾患を発症した場合を想定し、後者の「相当の期間」については、不登校の定義を踏まえて、年間30日を目安としている。

なお、重大事態の認定に関わって、国の「いじめの防止等のための基本的な方針」が、児童生徒や保護者から、「いじめにより重大な被害が生じた」という申し立てがあったときは、その時点で学校が「いじめの結果ではない」あるいは「重大事態とはいえない」と考えたとしても、重大事態が発生したものとして報告・調査等に当たるとしている点に留意する必要がある。

一見すると、学校が「疑いがなし」と判断しているにもかかわらず、それを重大事態と認定し調査することは、いじめ防止対策推進法の規定と矛盾するように映る。しかし、いじめは、教職員の目を盗んで行われ、深くひそかに潜行するという性格を有している。それ故に、被害の全貌を把握することは極めて困難となる。国の「いじめの防止等のための基本的な方針」は、このいじめの特徴を踏まえて、学校、教員の「思い込み」による認定ミスを防止するために、被害者側からの訴えを重視しようとしたものと言える。

ただ、この考え方には危険も潜む。それは、学校側がいくら調査してもいじめが確認できない事案まで重大事態であると主張され、いわゆる「いじめ調査第三者委員会」が設置されるといった可能性が存在するからである。結果として、学校、教育委員会は、予算、労力、時間をかけて調査に当たることを余儀なくされ、対象となった児童生徒は繰り返される聞き取り調査やアンケートに耐えなければならない。いわゆる「調査疲れ」の問題である。

現状を見る限り、いじめに苦しむ子どもの根絶を目指すため、重大事態のハードルを下げ、教職員のいじめに対する感覚を高める努力が必要なことは疑いがない。その一方で、日常的な教育実践を営む環境を確保することもまた重要である。両者のはざまで、学校現場に絶妙なバランス感覚が求められている。だが、果たしてそれは可能なのか。疑問は尽きることがない。

【関連法令】
いじめ防止対策推進法28条1項1号、同法28条1項2号
「いじめの防止等のための基本的な方針」（平成25年10月11日文部科学大臣決定─平成29年3月最終改定）

いじめ重大事態調査の行方

●「いじめ重大事態調査義務」の拡大に伴い、教職員の負担が課題となっている。
●公立学校の調査においては学校設置者が主体となるべきであろう。
●調査を行う附属機関の設置は任意だが、混乱を回避するためにあらかじめ設置しておいた方がよい。

2013年9月から施行されたいじめ防止対策推進法に基づき、いじめ根絶に向けた取り組みが進められている。学校いじめ防止基本方針の策定（13条）、在籍する児童等に対する定期調査（16条1項）、いじめの防止等の対策のための組織（22条）など、学校現場は、その対応に大わらわである。文部科学省の調査によれば、16年度の小中高等学校、特別支援学校におけるいじめの認知件数は、32万3143件と過去最高を記録している（「平成28年度　児童生徒の問題行動・不登校等生徒指導上の諸問題に関する調査」〈確定値〉について)。この数字を見る限り、学校現場の慌てぶりは無理もないものと言える。

学校、教職員に課される「負担」

だが、いじめ防止対策推進法の認知度が上がるにつれて、学校、教職員の「負担」が一部で問題になり始めている。その典型が、いじめ重大事態調査である。いじめ防止対策推進法は「いじめにより当該学校に在籍する児童等の生命、心身又は財産に重大な被害が生じた疑いがあると認めるとき」「いじめにより当該学校に在籍する児童等が相当の期間学校を欠席することを余儀なくされている疑いがあると認めるとき」を「重大事態」と定義し、学校の設置者および学校に調査義務を課している(28条1項1号、2号)。

いわゆる「いじめ」の中から、一定の要件を満たすもののみを抽出し、限定をかけた上で、詳細な調査義務を課すというスタイルである。にもかかわらず、いじめ防止対策推進法11条に基づき文部科学相が定めた「いじめの防止等のための基本的な方針」は、児童生徒や保護者から、いじめを受け、重大事態に至ったという申し立てがあった場合、その時点で学校が「いじめの結果ではない」、あるいは「重大事態とはいえない」と考えたとしても、「重大事態が発生したものとして報告・調査等に当たる」ことを求めている。

指針は、衆議院文部科学委員会の「いじめ防止対策推進法案に対する附帯決議」（平成25年6月19日）にある「重大事態への対処に当たっては、いじめを受けた児童等やその保護者からの申立てがあったときは、適切かつ真摯に対応すること」を、この拡大の根拠としている。しかし、「適切かつ真摯に対応すること」と、「重大事態が発生したものとして報告・調査等に当たる」ことの間には、一定程度の距離が存在しているのではないだろうか。

もちろん、ことは児童生徒の生命・身体に関わる問題である。慎重の上にも慎重を期して対処すべきことは言うまでもない。しかし、その負担をすべて学校に転嫁することは果たして妥当なのだろうか。学校の負担を考慮するとき、公立学校の調査においては、学校ではなく、むしろ学校設置者が主体となるべきであろう。

この場合、国のいじめ防止基本方針が正当に指摘するように、「学校の設置者が調査主体となる場合、14条3項の教育委員会に設置される附属機関を、調査を行うための組織とすること」が考えられる。「地方いじめ防止基本方針に基づく地域におけるいじめの防止等のための対策を実効的に行うようにするため」に置くことができるとされている機関である（14条3項）。

この附属機関の設置については、任意設置主義が採用されている。そのため、すべての教育委員会に設置が義務付けられているわけではない。だが、調査の必要性が生じてから、急きょ立ち上げることは不可能であり、あらかじめ整備しておくことが求められる。その際、教育委員会の附属機関とすることについて、中立性の観点から疑義が生じる可能性がある。国のいじめ防止基本方針が、第三者的機関として、地方公共団体の下に置く行政部局に設置することも可能と明記している点に注意を向ける必要があろう。

【関連法令】
いじめ防止対策推進法11条、同法13条、同法14条3項、同法16条1項、同法22条、同法28条1項
「いじめの防止等のための基本的な方針」（平成25年10月11日文部科学大臣決定―平成29年3月最終改定）
衆議院文部科学委員会「いじめ防止対策推進法案に対する附帯決議」（平成25年6月19日）

いじめ調査第三者委員会の課題

●いじめ防止対策推進法に基づき、「重大事態」に対応するための「いじめ調査第三者委員会」が設置される。
●事実関係を明確にするための調査を行う組織であるが、被害者側が納得するまで調査が繰り返される傾向がある。
●第三者委員会の制度的限界が見え始めている。

「いじめ調査第三者委員会」が花盛りである。いじめが疑われる自殺等が発生するたびに、真相の究明に向けて第三者委員会が設置される。公立学校では、もはや定番になったという感さえある。

「いじめ調査第三者委員会」は、いじめ自殺等の「重大事態」が発生した際、いじめ防止対策推進法に基づき設置される組織である。同法上、学校の設置者またはその設置する学校は、「重大事態と同種の事態の発生の防止に資するため、速やかに、当該学校の設置者又はその設置する学校の下に組織を設け、質問票の使用その他の適切な方法により当該重大事態に係る事実関係を明確にするための調査を行う」とされている（28条1項）。この「組織」の通称が「いじめ調査第三者委員会」である。

被害者側の主張、どこまで考慮

だが、ここ数年、いじめ調査第三者委員会をめぐるトラブル、対立が顕在化している。マスメディアによると、青森市の自殺事案では遺族から一部委員の差し替えを求める声が上がり、茨城県取手市の自殺事案では、被害者遺族が、調査に当たっている第三者委員会の解散を求め、大きく報道されることになった。

対立の背景として、いじめ防止対策推進法に対する学校、教育委員会の理解不足が指摘されている。しかし、それ以前の問題として、いじめ調査第三者委員会それ自体の制度的限界が存在するのではないかという疑問がある。

例えば、その存在意義である。そもそもいじめ調査第三者委員会は、当該重大事態に対処するため、当該重大事態と同種の事態の発生の防止に資するために、事実関係を明確にするための調査を行う組織として位置付けられている。被害者側の感情を忖度《そんたく》することやその慰撫は、本来、含まれていないはずである。にもかかわらず、「被害者側に寄り添う」という理念の下、被害者側が納得するまで、言い換えるならば被害者側が思い描く結論が導かれるまで、調査が繰り返されるという事態を招いているのではないか。

この「被害者側の主張」は、いじめ調査第三者委員会を設置するか否かについても影響を及ぼしている。いじめ防止対策推進法上、いじめの重大事態の定義は、「いじめにより当該学校に在籍する児童等の生命、心身又は財産に重大な被害が生じた疑いがあると認めるとき」「いじめにより当該学校に在籍する児童等が相当の期間学校を欠席することを余儀なくされている疑いがあると認めるとき」である（28条1項1号、2号）。

しかしながら、文部科学相が策定した「いじめの防止等のための基本的な方針」では、この規定が拡大され、「児童生徒や保護者から、いじめにより重大な被害が生じたという申立てがあったときは、その時点で学校が『いじめの結果ではない』あるいは『重大事態とはいえない』と考えたとしても、重大事態が発生したものとして報告・調査等に当たる」とされている。これにより「被害者側の主張」が絶対化され、法律が認めている学校、学校設置者の判断は事実上封印されることになる。

さらに拍車を掛けているのが、第三者委員会が作成する報告の性格である。いじめ調査第三者委員会の調査結果には法的拘束力は存在しない。被害者側は、調査結果に納得がいかない場合、首長に対して再調査を求める意見を表明することができるし、学校側の責任を追及する訴訟を提起することも可能である。

学校、学校設置者が疑いなしと判断したにもかかわらず、被害者側の設置要求を受けていじめ調査第三者委員会を設置し、その要望に応えて繰り返し調査を行い結論を出す。にもかかわらず、被害者側の意向によって、そのすべてが事実上、無に帰してしまう。被害者に寄り添うという、いじめ防止対策推進法の理念は譲ることができない性格のものである。だが、いじめ調査第三者委員会の制度的限界が見え始めていることも事実である。

【関連法令】
いじめ防止対策推進法28条1項1号、2号
「いじめの防止等のための基本的な方針」（平成25年10月11日文部科学大臣決定―平成29年3月最終改定）

いじめアンケートの公開

●いじめ防止対策推進法が規定する「重大事態」が起きた際の「情報提供義務」は対応が極めて難しい。
●生徒指導上、一般的に行われているアンケートや作文の開示請求が増加している。
●アンケートに答えた生徒の匿名性が担保できるか否かが、判断の分かれ目と考えられる。

いじめ防止対策推進法が施行されてから5年余りが経過した。この間、学校現場は、学校いじめ防止基本方針を策定し、学校におけるいじめの防止等の対策のための組織を整備する等、いじめ防止対策推進法によって課せられた義務を果たすべく努力を重ねてきた。だが、中には対応が困難を極める状況も生じている。その最たるものが、重大事態が起きた際の「情報提供義務」である。

いじめ防止対策推進法は、学校の設置者またはその設置する学校に対して、「重大事態」の調査を行ったときは、「当該調査に係るいじめを受けた児童等及びその保護者に対し、当該調査に係る重大事態の事実関係等その他の必要な情報を適切に提供する」義務を課している（28条2項）。調査により明らかになった事実関係（いじめ行為がいつ、誰から行われ、どのような態様であったか、学校がどのように対応したか）について、いじめを受けた児童生徒やその保護者に対して説明する義務である（「いじめの防止等のための基本的な方針」平成25年10月11日文部科学大臣決定—平成29年3月最終改定）。

そこで問題になるのが、いじめの調査をはじめ、生徒指導上、学校現場で一般的に利用されているアンケートや作文の取り扱いである。被害者側は、これら資料の中にこそいじめの実態が隠されているとして、開示を要求する例が多くなっている。

この点について、参議院文教科学委員会は、「いじめが起きた際の質問票を用いる等による調査の結果等について、いじめを受けた児童等の保護者と適切に共有されるよう、必要に応じて専門的な知識及び経験を有する者の意見を踏まえながら対応すること」を促している（「いじめ防止対策推進法案に対する附帯決議」平成25年6月20日）。「質問票」という形でアンケートに言及がなされており、この言葉や基本方針を手掛かりにアンケート原本の公開を強く求める保護者も存在している。

だが、そこには、アンケートに答えた児童生徒の主観やプライバシーが含まれている。そのため調査に当たっている学校設置者や学校は、その取り扱いについて逡巡《しゅんじゅん》することになる。

説明責任とプライバシーのバランス

このアンケート原本の公開が正面から論じられた判決が、「いじめ自殺アンケート調査公開訴訟」である（鹿児島地方裁判所判決平成27年12月15日）。

公立中学校に在籍する生徒が九州新幹線に飛び込むという事件が発生した。これに対し、いじめを苦にしての自殺ではないかという声が上がり、事故調査委員会が設置され、調査が行われることになる。生徒の親族は、市の情報公開条例に基づき、調査委員会が実施したアンケートの原本と、アンケート結果のまとめを、生徒の名前等を黒塗りにした上で、公開することを求めた。だが、教育委員会がすべて不開示としたため、その取り消しと開示を命じる決定の義務付けを求める訴訟が提起されることになった。

訴えに対し判決は、アンケート原本については全面不開示とした教育委員会の決定を支持した。しかし、アンケート結果のまとめについては、一部を除き、開示を認めるべきとする判断を示し、遺族の訴えを認めている。

判断の分かれ目となったのは、アンケートに答えた生徒や記述の中に登場する生徒について、匿名性が担保できるか否かという点であった。アンケートの原本が公開されれば、たとえ固有名詞等を黒塗りにしたとしても、生徒と濃密な関係性を有している学校関係者や地域住民であれば、その筆跡等から誰がそれを記入した生徒なのかを容易に明らかにすることができる。これに対し、別人の手が入っているアンケート結果のまとめについては、その恐れは存在しないと考えられたのである。

【関連法令】
いじめ防止対策推進法28条２項
「いじめの防止等のための基本的な方針」（平成25年10月11日文部科学大臣決定――平成29年３月最終改定）
参議院文教科学委員会「いじめ防止対策推進法案に対する附帯決議」（平成25年６月20日）

【参考裁判例】
「いじめ自殺アンケート調査公開訴訟」（鹿児島地方裁判所判決平成27年12月15日）

第5章

地域・保護者をめぐるリスクマネジメント

緊急時の児童の引き渡し

●緊急時の児童の引き渡しにおいて、「引き渡し責任者方式」が多くの小学校で行われている。
●時には臨機応変の対応が求められることもあるが、原則（マニュアル）と例外の使い分けに学校現場は注意する必要がある。
●学校は、手順を変更した場合、どのようなリスクが生じるのかを十分に吟味し、決断することが求められている。

2018年5月7日、小学校の関係者に衝撃が走った。新潟県内の公立小学校で、2年生の女子児童が下校の途中、殺害される事件が発生したからである。現場付近では、これまでも不審者や不審車両が複数回目撃されていたという。

学校の近くや通学路で不審者情報が出されると、保護者に向けて緊急連絡が流される。

子どもたちは、教員に付き添われて集団で下校するか、保護者等の出迎えを待って一緒に帰宅する。多くの小学校で採用されている手順である。

後者が「引き渡し責任者方式」と呼ばれる手法であり、そのために引き渡し責任者リストが作成される。保護者から緊急時に学校へ児童を引き取りに出向く可能性のある者を届け出てもらい、それをリスト化したものである。緊急時、学校は、そのリストと照合し、届け出のあった者が出迎えに来た場合にのみ児童を引き渡すことになる。

しかし、時には臨機応変の対応が求められることもある。学校現場は、この原則と例外の微妙な使い分けに頭を悩ませる。そして、その結果について法的責任を追及されるケースも存在する。

「宮城県東松島市公立小学校津波訴訟」では、自然災害時の引き渡しの判断が争点の一つとなっている（仙台地方裁判所判決平成28年3月24日）。東日本大震災の際、避難先の小学校の体育館において被災した2人の住民の遺族と、一度避難した後、教員の判断で帰宅させられ死亡した児童の遺族らが、学校の設置運営者であり、災害避難場所の指定者でもある地方公共団体を相手として、損害賠償の支払いを求めた事案である。

マニュアルの順守が基本

校長は、教員らに「災害時児童引渡し用の名簿を使用しないままで児童らの引渡しを受ける者の名前と関係が確認できれば児童らを引き渡してよい旨の児童引渡しについての一般的指示を出し」た。教員は、この指示に従い、放課後、学校に避難してきていた被災児童を近隣住民に引き渡した。その結果、児童は体育館よりも海側の土地にあり、浸水予測図上の津波浸水域および要避難区域に囲まれている自宅まで移動し、その直後に襲った津波に巻き込まれて溺死することになった。

判決は、災害時児童引取責任者以外の者に引き渡すに当たり、津波によって、「引渡後に当該児童の生命又は身体に危険が及ぶかどうかの安全を確認し、その安全が確認できない限り引き渡してはならないという注意義務に違反した過失が認められる」とし、校長の過失を肯定した。「安全とされている避難場所から移動させても当該児童に危険がないかを確認し、危険を回避する適切な措置を採るべき注意義務」があったとの判断である。

引き渡しの手順を変更する裁量を認める必要があるとしても、学校側には、手順を変更した結果、どのようなリスクが生じるのかを十分に吟味し、決断することが求められる。そうでなければ、「災害時児童引取責任者」制度を導入する意義は存在しない。このケースでは、児童の自宅は、浸水予測図上の津波浸水域、要避難区域に囲まれている。その意味において、避難場所に指定されていた小学校と比較して被災のリスクは高く、校長の過失を肯定した判決の姿勢は多くの学校関係者にとって納得のいくものではないかと思われる。

ただ、結果として本件小学校も被災し、死傷者が出ている。そのため、因果関係の問題として、児童が学校にとどまっていても死亡した可能性をどう評価するかという課題が残ることになる。判決は、先例を引用し、因果関係を肯定した。しかしながら、この点については観点によって評価が分かれる可能性が存在しないでもない。

なお、この事案については、控訴審判決が既に下されている（仙台高等裁判所判決平成29年4月27日）。控訴は棄却され、一審判決が支持される結果となった。

【参考裁判例】
「宮城県東松島市公立小学校津波訴訟」（仙台地方裁判所判決平成28年3月24日）
同控訴審（仙台高等裁判所判決平成29年4月27日）

特別支援教育の原点

―保護者連携―

●障害者差別解消法が２０１６年４月より全面施行され、「合理的配慮」をきめ細かく行っていくことになった。
●教員と保護者の連携が必要だが、意思疎通の欠如が事故を引き起こすこともある。
●保護者に任せきりにせず、学校側が「主体的」に行動することを求める判決も下されている。

特別支援教育という言葉が学校現場に定着してから久しい。２０１６年４月には、障害を理由とする差別の解消の推進に関する法律（障害者差別解消法）が全面施行となり、「合理的配慮」を中核とする、よりきめ細かな対応が開始されている。「障害のある者が、その障害の状態に応じ、十分な教育を受けられるよう、教育上必要な支援を講じなければならない」とする教育基本法の理想が、より現実的なものになった形である（４条２項）。

だが、関係法令が整備されようとも、忘れてはならない「原点」がある。子どもを中心に据え、学校と家庭、教員と保護者が連携することである。教育基本法は、この点を指して、「学校、家庭及び地域住民その他の関係者は、教育におけるそれぞれの役割と責任を自覚するとともに、相互の連携及び協力に努めるものとする」と規定している（13条）。

ただ、理想と現実の間に溝が存在することも少なくない。例えば、「大分県旧養護学校訪問教育死亡事故損害賠償請求訴訟」は、教員と保護者の意思疎通の欠如が引き起こした事故である（大分地方裁判所判決平成16年7月29日）。

被害を受けたのは、旧養護学校に在籍し、訪問教育を受けていた重度の障害児であった。担当教員は、生活訓練を進めていく中で、児童の様子に違和感を抱き、保護者に状態を確認した。「股関節を痛がる」との返答があったため、教員は、医療機関での受診が必要と判断する。そして、保護者に受診を促したが、その結果について確認を行わないまま、生活訓練を継続した。だが、実際には、保護者は児童を受診させておらず、この間に、児童は骨折に伴う血腫により塞栓《そくせん》が生じ、死亡することになった。教員と保護者の連携、意思疎通の不足が招いた悲劇である。

保護者は、担当教員に過失があったとし、学校の設置者である県を相手に損害賠償の支払いを求める訴訟を提起している。

判決が正当に指摘するように、教員が「障害児に動作訓練を施す場合には、その職務上、対象児童の健康状態に十分な配慮をし、身体に危険のないよう注意する義務を負っている」。担当教員は、この義務に基づき、保護者から話を聞いた上で、医療機関で児童を受診させ、児童の健康状況を確認するよう促したと言える。

問題となるのは、担当教員のその後の対応である。保護者が子どもを受診させたかどうかの確認を怠った点をどのように評価すべきだろうか。

この点、判決は、子どもの障害の程度を重視する姿勢を示す。すなわち、特に重度の障害児の動作訓練を行う場合には「ささいな外力で骨折等の傷害が生じるおそれがある以上、医師と協議するなどして、健康状態について正確に把握した上で、障害児の状態を注視しつつ慎重に指導を行う必要があった」としている。

主体的に健康把握に努める義務

訪問教育を担当する教員が、対象となる児童生徒の健康状態に細心の注意を払う義務を負うことについては、学校現場に異論は存在しない。だが、学校、担当教員が、医師と直接連絡を取る等、保護者を介さず、主体的に行動する義務については疑問も存在する。教員の中には、医療機関への受診を促したのだから、それを怠った保護者が責められるべきだと考える者もいることであろう。

事後の確認を怠った担当教員の責任は確かに軽くはない。しかし学校と家庭の役割分担として、児童生徒の健康管理は家庭の役割であり、責任とする発想も十分に成立する。だが、判決は、これを一歩進め、医療機関の受診を促すだけでは、教員と保護者の連携が機能しているとは言えないとした。学校現場は、保護者に任せきりにすることをよしとせず、学校側が「主体的に」行動し、連携、意思疎通を図ることの重要性を認識する必要があろう。

【関連法令】
障害を理由とする差別の解消の推進に関する法律（障害者差別解消法）5条
教育基本法4条2項、同法13条
【参考裁判例】
「大分県旧養護学校訪問教育死亡事故損害賠償請求訴訟」（大分地方裁判所判決平成16年7月29日）

子どもの不注意と保護者の責任

●小学生が球技で校外の第三者にけがをさせた場合、保護者が損害賠償義務を負う可能性がある。
●法的な枠組みとしては責任能力の有無が問題となる。
●小学校高学年、中学1年生あたりが一つの目安となる。

小学生が蹴ったボールが道路に飛び出し、走って来たバイクに当たる。バイクは転倒し、運転していた人物が大けがをする。どこでも起きる可能性がある不運な事故である。しかし、被害者にとっては「不運」の一言では済まされない。当然のことながら、治療費、バイクの修繕費から、仕事の休業補償まで、その損害賠償を求めようとする。

校庭や公園等でボールを蹴ることは、一般的に見て容認される遊戯である。しかし、その結果、第三者に傷害が生じた場合、その行為のすべてについて違法性を否定することは妥当ではない。「小学生の蹴るボール自体が危険なエネルギー（重量、速度、固さ）を持つ場合は少ないと解されるが、そのようなそれ自体が危険性を持っていないボールであっても不意に視界に飛び出せば、二輪車、自転車で進行する老人や幼児に対しては、時として転倒を招来する危険性があるから」、仮に小学生であったとしても、球技をする者は、「球技の場が人の通行する公道と近接している場合は、球技の場から公道へボールを飛び出させないよう注意すべき義務を負う」と考えるべきであろう（大阪高等裁判所判決平成24年6月7日）。

保護者が責任を追うべき範囲とは

だが、子どもは賠償を行うだけの資力を有していないのが普通である。そのため被害者の矛先は保護者に向かうことになる。

その際、問題となるのが民法の規定である。民法は、まず、「未成年者は、他人に損害を加えた場合において、自己の行為の責任を弁識するに足りる知能を備えていなかったときは、その行為について賠償の責任を負わない」とする（712条）。未成年者の責任無能力に関する規定である。そして、未成年者本人が賠償責任を負わない場合、これを「監督する法定の義務を負う者」が「第三者に加えた損害を賠償する責任を負う」べきことを明らかにしている（714条1項）。

従って、法的な枠組みとしては、「自己の行為の責任を弁識するに足りる知能」の有無がメルクマール（指標）となる（「責任能力」の有無）。すなわち、未成年者が責任能力を有している場合は本人が、これを欠く場合は「監督する法定の義務を負う者」、一般的には保護者が損害賠償義務を負う可能性がある。

責任能力が肯定されるとき、損害賠償の実効性の問題がより顕在化する。この場合、未成年者本人に損害賠償義務が肯定されることになるが、現実問題として、損害賠償を果たす資力を有していない。結果的に、損害賠償責任が空洞化せざるを得ないのである。

その不合理を回避するために、裁判所は、監督義務者に独自の責任を認めるべきとする法理を打ち立ててきた。「未成年者が責任能力を有する場合であっても監督義務者の義務違反と当該未成年者の不法行為によって生じた結果との間に相当因果関係を認め」るときは、損害賠償責任を負うべきとする考え方である（最高裁判所第二小法廷判決昭和49年3月22日）。この法理の下、監督義務は「被監督者の全生活関係について広汎かつ一般的に及ぶ」とし、学校管理下においても保護者の責任が肯定された例が存在している（静岡地方裁判所判決平成6年8月4日)。

最後に、「自己の行為の責任を弁識するに足りる知能」をどう考えるべきなのだろうか。一般には、自己の行為の結果、どのような法的責任が発生するかを認識する能力を意味するとされている。単なる善悪の区別を超えて、損害賠償を求められる等、後々、問題になるかもしれないことを知る知能である。その有無はケース・バイ・ケースで判断される。だが、先例はおおむね11~12歳程度でこの線引きを行っていると言われている。学校現場としては、小学校の5~6年生、中学1年生あたりに「境界線」が引かれていることに注意すべきであろう。

【関連法令】
民法712条、同法714条1項

【参考裁判例】
「公立小学校サッカー訴訟」(大阪高等裁判所判決平成24年6月7日)
「未成年者の行為に対する慰謝料請求訴訟」(最高裁判所第二小法廷判決昭和49年3月22日)
「柔道部事故訴訟」(静岡地方裁判所判決平成6年8月4日)

増える保護者暴力

●児童生徒の保護者が学校に押し掛け、管理職や教員に暴力を振るい傷害を負わせた事例が存在する。
●保護者が教員に暴言を吐いたり、暴力を振るったりすることは、紛れもなく権利侵害であり、場合によっては犯罪行為に該当する。
●校外において許されない行為は、校内においても許されない。

病院内での暴言や暴力、特に患者やその家族から医療スタッフに加えられる暴力が、社会問題になってから随分と時間が経過した。この間、日本看護協会「保健医療福祉施設における暴力対策指針―看護者のために―」（2006年11月）等に基づき、各方面で多様な対応が進められている。

学校、教育委員会職員の備えは十分か

他方、学校現場はどうだろうか。児童生徒の保護者が学校に押し掛け、管理職や教員に暴力を振るう。そんな事態が散見されるようになっている。報道によれば、2014年8月、福岡県内の公立小学校で、子どもへの指導に問題があるなどとし、校長から現金を脅し取った保護者が逮捕されるという事件が起きている。また、同年2月には、兵庫県内で指導に腹を立てた保護者が、教員を負傷させ、傷害容疑で起訴された結果、懲役1年6カ月、執行猶予5年の判決が下されたという。

教職員が、保護者等から受ける違法行為は、身体的暴力のほか、各種のハラスメントや言葉の暴力等、多岐にわたる。場所も校内とは限らず、教職員の自宅付近等、ストーカー類似行為も発生している。

では、学校側はどのような対応を取るべきであろうか。先に触れた「保健医療福祉施設における暴力対策指針」に沿うならば、リスクマネジメントとして、暴力のリスクの把握、暴力のリスクの分析、暴力のリスクへの対応、暴力のリスクへの対応の評価が、求められることになる。

リスクの把握は、「『暴力とみなす』行為について検討し、具体例として示す」ことから

始まる。これに基づき収集した事例を分析し、対応を検討することが、リスクの分析に当たる。その後、安全管理体制の維持・改善、労働環境の調整に進むことになる。これが、リスクへの対応である。そして、最後の要素であるリスクへの対応の評価は、このサイクルを繰り返し、よりリスクを低減するために行われる。

具体的に暴力行為等が発生した場合、医療機関では「直ちに警察に通報する」ことが推奨されている〈例えば、厚生労働省「医療機関における安全管理体制について〈院内で発生する乳児連れ去りや盗難等の被害及び職員への暴力被害への取り組みに関して〉」平成18年9月25日医政総発第0925001号等〉。だが、学校ではことはそう簡単ではない。警察への通報が子どもに与える影響を考えるからである。通報をためらう管理職や教職員が今も少なくないことは、容易に想像できる。

保護者が教員を脅迫したり、暴力を振るったりした場合、事実であれば、それは紛れもなく犯罪である。しかしながら、学校現場は、それを暴言、暴力とは認識しようとせず、看過してきた部分がある。保護者は常に学校と協力し、児童生徒の幸せを願っている。だから、暴言や暴力はその思いが高ぶっただけにすぎない。教員のこのような固定観念に基づく対応が、保護者の行動をエスカレートさせていく。この悪循環を絶つこと、言い換えるならば、学校側の意識改革、「備え」が求められていると言える。

警察への通報義務等を課したいじめ防止対策推進法の例を持ち出すまでもなく、校外において許されない行為は、校内においてもまた許されないはずである。また、公立学校教員は、「官吏又は公吏は、その職務を行うことにより犯罪があると思料するときは、告発をしなければならない」とする、刑事訴訟法２３９条２項の存在にも留意すべきであろう。

学校現場は、これまで学校と家庭の連携という関係性の呪縛の下、学校をある種の治外法権の場としてきたきらいがある。教員としての価値観と衝突することではあるが、学校、教職員はこれまでの発想を転換することを求められているのかもしれない。

【関連法令】

刑事訴訟法２３９条２項

厚生労働省「医療機関における安全管理体制について〈院内で発生する乳児連れ去りや盗難等の被害及び職員への暴力被害への取り組みに関して〉」（平成18年９月25日医政総発第０９２５００１号）

【関連資料】

日本看護協会「保険医療福祉施設における暴力対策指針―看護者のために―」（２００６年11月）

学校給食費の未納問題

●学校給食について保護者の負担範囲や徴収方法、会計処理等を明確に定めた規定は存在しない。
●給食費の取り扱いは自治体ごとに異なっている。
●学校給食は「教育活動」の一つと言える。

大阪市や川崎市など、学校給食の新規導入に取り組む自治体に注目が集まっている。いずれも、これまで見送ってきた中学校における完全給食を目指そうとする動きである。その背景には、「食に関する適切な判断力を養い、生涯にわたって健全な食生活を実現することにより、国民の心身の健康の増進と豊かな人間形成に資する」とする、食育基本法の制定などがある（2条）。

だがその一方で、学校給食が危機にひんしているとする声も存在している。食物アレルギーを有する子どもが増加する中、アナフィラキシーショックなどの危険に十分に対処できるのか。そして、給食費を支払おうとしない保護者の増加、給食費未納問題の深刻化である。中には教員の未納が発覚した自治体すら存在しているという。

徴収業務は教員の職務範囲内

では、給食費の負担や会計処理に関する法制はどうなっているのだろうか。学校給食法は「学校給食の実施に必要な施設及び設備に要する経費」など、給食の実施に必要となる基本的な費用は、学校の設置者の負担とするとしている（11条1項）。しかし、食材費など、それ以外の費用は、保護者が負担すべきことを明らかにしている（11条2項）。「設置者と給食を受ける児童の保護者とがそれぞれ分担することを定めた」規定と考えられている（「学校給食法並びに同法施行令等の施行について」昭和29年9月28日文管学第543号）。

だが、保護者の負担すべき範囲を具体的に定めた規定や、徴収方法、会計処理などを定めた規定は存在しない。また、旧文部省の動きも混乱に拍車を掛けている。給食費について、学級費や部費などと同様、私費扱いを認める一方で、自治体の公会計とすることも容認してきた。そのため、給食費の取り扱いは、現在も自治体ごとに異なっているのが実情である。

私費扱いの場合、自治体が契約の当事者ではないため、法的措置を講じることが難しい。他方、公立学校は、出先機関にすぎず、法的主体とはなり得ない。そのため、未納問題の解決を教職員の努力に委ねる自治体は今も少なくない。

しかし、未納問題への対応、特に家庭訪問などによる徴収は、教員の職務には含まれないとして反発する職員もいる。この点が争われた例として、「給食費徴収業務命令訴訟」が挙げられる（横浜地方裁判所判決平成26年1月30日）。校長から給食費の徴収・管理を行うよう命令を受けた教員が、「教育とは直接関係がなく、特殊かつ専門的なものであり、これを教員に担当させることは、教員の業務を教育に限定する学校教育法37条11項に違反する」などと主張して、損害賠償を求めた事案である。

判決は、教員の職務について、「児童の教育をつかさどることをその職務の特質とするものではあるものの、教諭の職務がこれに限定されると解することはできず、教育活動以外の管理運営に必要な校務も教諭の職務になるといえ、教員の職務が子供の教育に関係するものに限定されると解することはできない」とする。そして、学校給食に関して、「児童及び生徒の心身の健全な発達に資するものであり、かつ、児童及び生徒の食に関する正しい理解と適切な判断力を養う上で重要な役割を果たすものであり、学校における食育の推進を図るものであることからすれば、学校給食は、教育そのものといえ」るとしている。食育の推進等を学校給食の目的に含めるならば、確かに学校給食は「教育活動」の一つと捉えることができる。だとするならば、「学校給食費の徴収管理に係る業務も、教材費等の徴収管理に係る業務と同様に児童生徒の教育に関係する業務といえる」であろう。だが、学校給食の歴史を振り返るとき、教材費と同様に扱うことに違和感を抱く向きも一定数存在することは想像に難くない。この違和感を払拭しない限り、判決一つでは学校現場の混乱は収まりそうにない。

【関連法令】
食育基本法２条
学校給食法11条１項、同法11条２項
「学校給食法並びに同法施行令等の施行について」（昭和29年９月28日文管学第５４３号）
【参考裁判例】
「給食費徴収業務命令訴訟」（横浜地方裁判所判決平成26年１月30日）

外部連携における情報共有
―要配慮個人情報―

●個人情報保護法の改正により、「要配慮個人情報」というカテゴリーが新設された。
●学校には児童生徒に関わる機微情報が日々蓄積されている。
●関係機関や地域との連携において、児童生徒の個人情報を適切に取り扱う必要がある。

「学校が単独で子どもの教育に当たるのではなく、家庭や地域社会、外部機関と適切な役割分担を図り、協働していくべきである」。教育改革をリードするフレーズである。いじめ防止対策推進法から児童虐待防止法まで、子どもの教育に当たって、地域社会や外部の専門機関との連携をうたう法律は少なくない。2006年に全面改正された教育基本法も同様であり、「学校、家庭及び地域住民その他の関係者は、教育におけるそれぞれの役割と責任を自覚するとともに、相互の連携及び協力に努めるものとする」と宣言している

（13条）。

要配慮個人情報の適切な理解

だが、この連携には大きな障壁が立ちはだかっていることを見逃してはならない。当事者同士の「情報共有」に対する批判である。連携や協働を実効性のあるものにするためには、その前提として、それぞれが十分に情報を共有することが不可欠と考えられる。にもかかわらず、プライバシーという言葉が一般化し、権利意識が高まる中で、情報共有に対する異議申し立てが数多くなされるようになっている。

例えば、17年3月、埼玉県の公立中学校の連携会議において、指導上問題のある生徒の情報を学校が提供し、これがネットに流出して大きな問題となった。この会議には、PTAの役員や地域自治会の役員、民生委員、警察関係者、教育委員会の職員等が出席していたという。

確かに、プライバシー権や個人情報保護に対する法制はより厳格なものになりつつある。17年5月に全面施行された改正個人情報保護法では、「個人情報保護委員会」や「要配慮個人情報」等に関する規定が新たに設けられた。いずれも個人情報の保護をより強化するための規定である。

ここでいう「要配慮個人情報」とは、「本人の人種、信条、社会的身分、病歴、犯罪の経歴、犯罪により害を被った事実」「その他本人に対する不当な差別、偏見その他の不利益が生じないようにその取扱いに特に配慮を要するものとして政令で定める記述等が含まれる個人情報」を指す（2条3項）。具体的には、身体障害、知的障害、精神障害（発達障害を含む）、医師等により行われた健康診断その他の検査の結果、被疑者または被告人として、逮捕、捜索、差し押さえ、勾留、公訴の提起その他の刑事事件に関する手続きが行われたこと、本人を非行少年またはその疑いのある者として、調査、観護の措置、審判、保護処分その他の少年の保護事件に関する手続きが行われたこと等が、これに該当する。

「要配慮個人情報」に該当する場合、取り扱いに関する義務が強化される。例えば、情報を取得する際には、取得に先立ち本人の同意が求められる。また、第三者への提供に当たっても、原則として同意を先に取得する必要がある。法令上の例外は存在するものの、「本人同意の原則」がこれまでと比較して格段に加重されている。

この点、15年の「文部科学省所管事業分野における個人情報保護に関するガイドライン」では、「非行のおそれのある生徒等の情報を、生徒等本人及びその家族等の権利利益を不当に侵害しないことを前提に、非行防止に関係する機関との間で情報交換等を行うことが特に必要な場合」、同意を必要としない旨が示されていた。しかし、今後、連携会議等については、16年の「個人情報の保護に関する法律についてのガイドライン（通則編）」等を参考に「要配慮個人情報」の理念との調整をより慎重に図ることが不可欠と考えられる。

周知のように、公立学校については、設置者である自治体の個人情報保護条例が適用される。だが、地方公共団体は、その保有する個人情報の性質、当該個人情報を保有する目的等を勘案し、その保有する個人情報の適正な取り扱いが確保されるよう必要な措置を講ずることに努めなければならない（改正個人情報保護法11条）。児童生徒に関する機微情報が日々蓄積されている学校の関係者には、「要配慮個人情報」という新たなカテゴリーについて適切な理解が求められることになろう。

【関連法令】

個人情報保護法2条3項、同法11条

「個人情報の保護に関する法律についてのガイドライン（通則編）」（平成28年11月〈平成29年3月一部改正〉個人情報保護委員会）

「文部科学省所管事業分野における個人情報保護に関するガイドライン（平成27年8月31日文部科学省告示第１３２号）」（平成27年8月）

ＰＴＡ、同窓会名簿の作成

●改正個人情報保護法全面施行により、ＰＴＡや同窓会といった非営利組織の対応が不可避となった。
●個人情報の収集方法、管理などは特に注意を要する。
●ＰＴＡや同窓会は、学校への依存から脱却し、独り立ちする時期を迎えている。

２０１７年5月に改正個人情報保護法が全面施行されたが、公立学校やＰＴＡ、同窓会の反応はいまひとつである。多くの関係者に、個人情報保護法が適用されるのは私立学校であり、「他人事」という意識が存在するからであろうか。

しかし、公立学校、私立学校の区別を問わず、早急な対応が求められる内容も含まれている。例えば、ＰＴＡや同窓会との情報のやりとりはその典型である。これまでは、自治会や管理組合等、取り扱う個人情報が５０００人以下の事業者は個人情報保護法の規制の対象外となっていた。ＰＴＡや同窓会の中にも、小規模事業者としてこの恩恵に浴してきたところが少なくない。

個人情報保護法への対応は万全か

だが、今回、改正によりこの小規模事業者に対する例外が撤廃された。その結果、ＰＴＡや同窓会といった非営利組織も規模の大小を問わず、個人情報保護法への対応が不可避となった。規約に個人情報保護法の順守を盛り込み、取り扱いに関する指針（ポリシー）を定めた上で、個々の運用を見直していく必要がある。

中でも新年度の風物詩、ＰＴＡ名簿の作成については慎重に検討することが求められる。まず、個人情報の収集方法である。従来、多くのＰＴＡや同窓会は、学校から情報提供を受けて名簿を作成してきた。やり方によっては、この方法を継続することもできなくはない。だが、学校の負担を考えると、今後は、学校に依存することなく、名簿を作成して会員に配布するという収集目的を明示した上で、ＰＴＡや同窓会自らが個人情報を収集することが望ましい。

集めた個人情報の管理についても同様である。例えば、名簿の印刷を外部に委託しようとする場合、個人情報の保護に関する評価を行い、体制が整備されている業者を選択することが求められる。また、ＰＴＡや同窓会が自らデータをしっかりと管理し、その漏えいを防ぐことは当然であるが、今回の改正で「名簿業者」対策が強化された点も見逃してはならない。会員への名簿の配布に際して個人情報の漏えいや転売等に注意するように呼び掛けることが必須となろう。

万が一、個人情報の漏えいが発生した場合、損害賠償等の法的責任を追及される可能性も存在している。責任の軽重は、個人情報の管理の方法、漏えいした情報の内容等に左右される。京都府宇治市のデータ漏えい事件では慰謝料その他で１人当たり１万５０００円の損害賠償が認められている（最高裁判所第一小法廷決定平成14年7月11日）。また、Ｙａｈｏｏ！ＢＢの会員情報漏えい事件では都合６０００円であった（大阪高等裁判所判決平成19年6月21日）。

ＰＴＡや同窓会は、可能な限り収集する情報を絞り込み、不必要なリスクを背負い込まないことが重要である。特に今回の個人情報保護法の改正では「要配慮個人情報」というカテゴリーが新設されている。「本人の人種、信条、社会的身分、病歴、犯罪の経歴、犯罪により害を被った事実その他本人に対する不当な差別、偏見その他の不利益が生じないようにその取扱いに特に配慮を要するものとして政令で定める記述等が含まれる個人情報」である（2条3項）。これらはＰＴＡや同窓会にとって必須の情報ではない。リスク管理という観点から、一切扱わないという姿勢をあらかじめ明確にしておくべきと言える。

ともあれ、従来、学校とＰＴＡや同窓会の関係は表裏一体と言えるものであった。しかし、こと個人情報の取り扱いに関する限り、ＰＴＡや同窓会は、学校への依存から脱却し、独り立ちする時期を迎えている。その第一歩は、個人情報漏えい保険に加入することであろうか。

【関連法令】

個人情報保護法2条3項

【参考裁判例】

「京都府宇治市データ漏えい損害賠償請求訴訟」（最高裁判所第一小法廷決定平成14年7月11日）

「Ｙａｈｏｏ！ ＢＢ会員情報漏えい損害賠償請求訴訟」（大阪高等裁判所判決平成19年6月21日）

ボランティアに潜む訴訟リスク

- 学校教育の多くの場面でボランティアの活用が進んでいる。
- ボランティア自身のけが、ボランティアの過失に起因する児童生徒の負傷にどう対応すべきか。
- ボランティアの位置付けを明確にすることが必要である。

林間学校や臨海学校の引率から、日常的な授業の補助まで、学校教育の多様な場面でボランティアの活用が進められている。学校・家庭・地域社会の積極的な連携を説いた中央教育審議会の答申「21世紀を展望した我が国の教育の在り方について（第一次答申）」（平成8年）以降、特にこの傾向に拍車が掛かった。

保護者、地域住民、教職を目指す学生と、求められる人材もまた多様である。教育委員会や学校の広報紙に目をやれば、学校支援ボランティアの募集広告が所狭しと並んでいる。

まさにボランティアの花盛りといっても過言ではない。

だが、そこにはリスクも隠れている。ボランティア自身がけがをする、あるいはボランティアの過失で児童生徒が負傷する。いずれもあってはならないことだが、その可能性は否定できない。

ボランティアに潜むこの危険性が顕在化した事案として、「少年剣道会事故損害賠償請求訴訟」を挙げることができる（札幌地方裁判所判決昭和60年7月26日）。この少年剣道会は、剣道を通じて少年の非行防止、健全育成を図ること等を目的とした任意的な社会奉仕団体である。活動の一環として旅行会が計画され、複数人の引率者の下、児童生徒37人、保護者13人が参加することになった。

キャンプの途中、磯遊びを行った際、児童が溺れ、死亡するという事故が発生した。児童の遺族は、旅行会の引率者らには、潮の流れや海底の深度を十分に調査し、児童らに注意事項の伝達を徹底する等、遊泳等の危険な行動に出ることのないよう指導・監督する義務があった等として、損害賠償の支払いを求める訴訟を提起している。

これに対し、引率者側は、引率行為のボランティア性を強調し、反論に出た。引率者らは、有段者で年長者であったことから、好意的に無報酬のボランティア活動として事実上剣道の指導を行っていたにすぎない。旅行会も同様であり、剣道会の事実上の指導者、単なる同行者として、参加者に対し事実上の指導監督を任意に行っていたにすぎず、注意義務や過失責任は当然軽減されるべきという論理である。

しかし、判決は、旅行会の引率が「無報酬の社会的に有益ないわゆるボランティア活動であるということのみから当該活動の場で予想される危険についての予見及び結果回避に必要な注意義務が軽減又は免除されるべきであるとの結論を導くことはでき」ないとし、引率者（ボランティア）の主張を退けている。

仮に、この活動が学校教育の一環であり、引率者が教員であれば、海の深さや潮の流れ・強弱等について、事前に十分調査し、その結果を踏まえて指導することは当然であろう。だが、このケースでは、ボランティア活動であったが故に、どこかに「甘さ」が存在したのではないか。

この「甘さ」は、ボランティアを「善きこと」として、無条件に歓迎する風潮を反映したものと言える。だが、教育関係者は、判決が、ボランティアの有用性については認めつつも、活動に伴う法的責任の軽減を否定した点に目を向ける必要があろう。そして、ボランティア活動に潜む訴訟リスクと真剣に向き合っていくことが求められる。

法的位置付けを明確に

ただ、ここで注意を要するのは、ことはボランティア保険に加入するといった単純な問題ではないという点である。学校教育に引き寄せるならば、まず、関係法規の中にボランティアを正式に位置付け、その指導の正統性を根拠付けるところから始める必要があろう。学校、家庭、地域社会の連携、「チーム学校」の重要性がとみに強調される今日、かつて明確に存在した、学校の内と外、学校現場における教職員とそれ以外の境界線が溶解を始めている。多様な場面で学校を支援するボランティアの制度設計、法的整備は、まさに時代の要請と言えるだろう。

【関連法令】
中央教育審議会「21世紀を展望した我が国の教育の在り方について（第一次答申）」
【参考裁判例】
「少年剣道会事故損害賠償請求訴訟」（札幌地方裁判所判決昭和60年7月26日）

夏休み——川辺に潜む危険——

- 夏は子どもの水難事故が多く発生する季節である。
- 特に河川には急流や深み等、一定の危険が常にあり、対策が難しい。
- 学校が夏季休業に入った直後の事故が多いので、関係機関と連携して安全確保を図る必要がある。

夏休みは、アウトドア・レジャーの季節である。海、山、川辺、至る所から子どもの歓声が聞こえてくる。アウトドア・レジャーは、普段と異なった環境の下、自然に親しむ格好の機会であり、子どもの成長・発達にとって有意義なひとときである。

だが、楽しいばかりではない。そこには、自然特有の危険が潜んでいる。中でも、子どもの事故が特に多いと言われるのが、水難事故である。警察庁の調査によれば、2017年中、水難事故に遭った人は1614人、そのうち中学生以下の子どもが206人を占めている（警察庁生活安全局地域課「平成29年における水難の概況」平成30年6月21日）。

206人のうち、死者・行方不明者が26人に上り、その危険性が浮き彫りになっている。場所に着目すると、「河川」が65・4％と最も多く、次に「海」「湖沼池」「用水路」「プール」と続く。この数字を見る限り、河川での水遊びやボート遊び、魚取り等が、指導において最も注意すべきポイントと言えよう。

では、学校にはどのような対応が求められるのだろうか。この点、スポーツ庁は、「海、河川、用水路、湖沼池、プールなどの水難事故発生のおそれのある場所については、必要に応じて防護柵、蓋、危険表示の掲示板や標識の整備、監視員の配備、巡回指導の周知など、市町村、警察署、消防署、海上保安部署、保健所等との協力により点検等を行い、事故防止のため万全の安全確保措置を講ずる」よう求めている（「水泳等の事故防止について（通知）」平成30年4月27日30ス庁第89号）。

だが、天候はもちろんのこと、河川の姿は刻一刻と変化していく。いくら対策を講じ、安全指導を徹底したとしても、学校や保護者にできることには限界が存在している。

「保育園児溺死損害賠償請求訴訟」は、まさに河川の変化が争点となった（高松高等裁判所判決平成9年1月24日）。姉兄と近隣の河川に遊びに出掛けた5歳児が、深みにはまり溺死した事案である。

一審判決（高知地方裁判所判決平成8年3月29日）は、アウトドア・レジャー等で河川を利用する際、その危険は、保護者を含む利用者自らの責任と判断で回避することが予定されているとの考え方から出発する。そして、特に河床は、「出水毎にみず道や深みが大きくあるいは微妙に変化することは周知」であると強調している。

危険への接近の法理

この考え方の背後には、危険への接近の法理が存在していると考えられる。危険の存在を承知した上で、自ら、自由な意思で危険に近づいた者は、それに伴うリスクについて責任を負うべきとする考え方である。

河川には常に一定の危険が内在しており、河川管理者がどれだけ注意したとしても、それを完全に除去することはできない。にもかかわらず、そこで楽しもうとする以上、リスクは利用者の側が甘受すべきとの論理にも、確かに一定の説得力が存在している。

だが、このケースでは、問題となった深みは工事の埋め戻しが不完全なために生じたものであった。二審判決は、この点に着目して、「子供の水遊び場として安全な場所に新たな危険を発生させたのであるから」「指示監督して本件深みの掘削部分を従前の状態に埋め戻すか、本件深み周辺に、転落防止のための柵を設け、あるいは危険告知のための立て札を設けるなどして右危険を回避すべきであった」としている。

最終的に判決は、保護者の責任を6割、河川管理者の責任を4割と認定した。危険への接近の法理を前提としつつ、管理者側の行動とのバランスを取った結果と言えるであろう。

【関連法令】
スポーツ庁「水泳等の事故防止について（通知）」（平成30年4月27日30ス庁第89号）

【参考裁判例】
「保育園児溺死損害賠償請求訴訟」（高知地方裁判所判決平成8年3月29日、高松高等裁判所判決平成9年1月24日）

【関連資料】
警察庁生活安全局地域課「平成29年における水難の概況」（平成30年6月21日）

【初出】

『内外教育』（時事通信社）第６２６３号（２０１３／11／22掲載）～第６６７９号（２０１８／６／８掲載）「教育法規あらかると」。ただし、その後の状況を考慮し、加筆修正するとともにデータ更新を行っている。

【著者紹介】

坂田　仰（さかた・たかし）

日本女子大学教授
専攻は公法学、教育法制論。
大学卒業後、大阪府立高等学校教員として勤務。1991年、東京大学大学院法学政治学研究科公法専攻修士課程に入学、同博士課程を経て、1996年、日本女子大学に赴任。現在に至る。
2005年以降、独立行政法人教員研修センター（現・教職員支援機構）において、教職員等中央研修の講師として指導に当たる。全国の地方公共団体、校長会、教頭会等における研修講師も数多く担う。

主な所属学会

・日本スクール・コンプライアンス学会会長
・日本教育行政学会理事
・日本教育制度学会理事

主な著作

坂田仰・河内祥子『イラストと設題で学ぶ 学校のリスクマネジメントワークブック』時事通信社（2017年）
坂田仰編著『四訂版　学校と法―「権利」と「公共性」の衝突』放送大学教育振興会（2024年）
坂田仰ほか『新訂第５版　図解・表解 教育法規―確かにわかる法規・制度の総合テキスト』教育開発研究所（2024年）

裁判例《さいばんれい》で学《まな》ぶ 学校《がっこう》のリスクマネジメントハンドブック

2018年９月19日　初版発行
2024年10月13日　第５刷発行
著　者：坂田　仰
発行者：花野井 道郎
発行所：株式会社時事通信出版局
発　売：株式会社時事通信社
〒104-8178　東京都中央区銀座5-15-8
電話03（5565）2155　https://bookpub.jiji.com

装幀　梅井裕子（デックC.C.）
ＤＴＰ 一企画
編集担当　坂本建一郎
印刷／製本　株式会社　太平印刷社

©2018　SAKATA, takashi

ISBN978-4-7887-1582-0 C0037 Printed in Japan
落丁・乱丁はお取り替えいたします。定価はカバーに表示してあります。
★本書のご感想をお寄せください。宛先はmbook@book.jiji.com